생각하지 않아도 톡톡 나오는 **라즈베리표 즉문즉답 시리즈**

영어
즉문즉답

Instant Short Talks

손소예 **지음**

Raspberry 라즈베리

1판 1쇄 인쇄 2015년 6월 30일
1판 1쇄 발행 2015년 7월 07일

저자 손소예
펴낸이 임형경
펴낸곳 라즈베리
마케팅 김민석
책임디자인 렐리시
디자인 김선희
책임편집 장원희
편집 하지민
강의 Angie&Jamie

등록 제210-92-25559호
주소 (우 132-873) 서울 도봉구 해등로 255, 102-1002 (쌍문동 에벤에셀)
대표전화 070-8113-2165
팩스 0504-088-9913 / 0504-722-9913
홈페이지 www.raspberrybooks.co.kr
블로그 http://blog.naver.com/e_raspberry
카페 http://cafe.naver.com/raspberrybooks

ISBN 979-11-954376-1-0 (13740)

영어 즉문즉답은?

문법은 NO! 시작부터 말로 배우는 영어 회화 책입니다.
쉐도잉 훈련을 통해 혼자서도 쉽게 영어 회화를 완성할 수 있도록 구성했습니다.
지금 바로 영어 즉문즉답을 시작해 보세요! 열 원어민쌤 결코 안 부럽습니다.

PART 1
즉문즉답 훈련용 MP3

200개 질문
1000개 대답

실생활에서 나눌 법한 질문과 대답으로
구성된 MP3 무료 다운로드

1. 200개의 질문 중 순서에 상관없이 질문 선택
2. 모든 질문에 스스로 대답할 수 있는지를 확인
3. 질문과 대답이 녹음된 MP3 듣기
4. 즉문즉답 식으로 녹음된 MP3 파일로 반복 연습

PART 2
쉐도잉 훈련용 MP3

20개 Scene

즉문즉답을 리얼 스토리로 엮은 Real
Life Conversation MP3 무료 다운로드

1. 매일매일 Real Life Conversation으로 5분 쉐도잉 훈련
2. 200개의 질문을 듣는 동안 200번 반복하는 효과

*쉐도잉 훈련이란?
생생한 오디오를 들으면서 성우의 목소리와 톤까지
그대로 따라 하는 학습법

저자 직강 팟빵 강의

200강

영어의 기초를 콕콕 짚어 주며
자연스러운 회화로 완성하는 MP3 강의

1. Q&A 본문으로 오늘 배울 내용 파악
2. 목소리 예쁜 Angie쌤의 강의에 귀 쫑긋 세우기
3. Angie쌤과 Jamie의 즉문즉답을 함께 쉐도잉
4. Scene별로 Real Life Conversation 듣기

영어로 3시간 수다 떨기, 뭐 어렵나요?
문법 NO! 쉐도잉 훈련 YES! 영어 즉문즉답 하나면 OK!

Are you ready? Let's start!

의지 약한 난
팟캐스트로 들어야겠네~

PART 1

SHORT TALKS

즉문즉답 훈련용 MP3를 다운로드받아
10초 안에 답하는 연습을 해보세요!

아무 생각 없이 나오는 영어가

진짜 영어라는 걸 아시나요~?

**즉문즉답 훈련용
MP3 무료 다운로드**

10초 안에 답하는 연습을 반복해 보세요.
그 어렵던 영어가 쏙쏙~
이제 영어 앞에서 달라지세요.

**내용이 쏙쏙 이해되는
Angie쌤 팟빵 강의**

매일매일 1강씩 목소리 예쁜
Angie쌤 강의를 챙겨 보세요.
문장이 이해되는 날이면 게임 끝!

첫 만남

Q1
Hello. I'm Jason Bohn.
안녕하세요. 저는 제이슨 본입니다.

A1 **I'm Sumi Park.** ▶ 저는 박수미예요.

A2 **Glad to meet you, Mr. Bohn.** ▶ 만나서 반가워요. 미스터 본.

A3 **What a nice name. My name is Sumi Park.**
▶ 성함이 멋지시네요. 제 이름은 박수미입니다.

A4 **It's a pleasure to meet you. I'm Park. Sumi Park.**
▶ 만나 뵙게 되어 영광이에요. 저는 박이에요. 박수미.

A5 **I'm Sumi Park. Park like the place where flowers bloom and birds sing. Just kidding.**
▶ 저는 박(공원)수미예요. 꽃피고 새들이 노래하는. 농담이에요.

↳ **Well, I would never forget your family name.**
▶ 아, 당신 성은 절대 안 잊어버리겠는데요.

Words & Expressions

pleasure 기쁨 | place 장소 | bloom 꽃이 피다 | kid 놀리다, 농담하다 | forget 잊다 | family name 성

Q2 How can I call you? Miss Park?

어떻게 불러야 하죠? 미스 박이라고 할까요?

A1 **Just call me Sumi.** ▶ 그냥 수미라고 부르세요.

A2 **You can call me Sumi.** ▶ 수미라고 부르면 돼요.

A3 **Any way you want.** ▶ 원하시는 대로요.

A4 **Call me by my first name. Sumi is fine.**
▶ 제 이름을 부르세요. 수미가 좋아요.

A5 **Miss Park? No. It's too formal, don't you think so?**
▶ 미스 박이요? 아뇨. 너무 딱딱해요. 안 그래요?

↳ **All right! Sumi, then.** ▶ 좋아요! 그럼 수미라고 하죠.

Words & Expressions

any way 어떤 식으로든 | call A B A를 B로 부르다 | first name 이름 | formal 형식적인

Q3 Haven't we met before?
우리 전에 만난 적 없던가요?

A1 **No, we haven't.** ▶ 아뇨, 그런 적 없는데요.

A2 **Have we? Sorry, but I don't remember.**
▶ 그랬나요? 죄송하지만 기억이 안 나요.

A3 **I don't think we have.** ▶ 그런 것 같진 않은데요.

A4 **Maybe we have. You look familiar, too.**
▶ 그랬는지도 모르겠어요. 당신도 낯이 익네요.

↳ **Were you at Jake's party by any chance?**
▶ 혹시 제이크의 파티 때 왔었어요?

A5 **I don't think so.**
This is my first time to talk with an American.
▶ 그런 것 같진 않아요. 미국인이랑 말해 보는 게 처음이에요.

Words & Expressions
remember 기억하다 | maybe 아마도 | familiar 친근한, 낯익은 | by any chance 혹시

Q4 I heard a lot about you.
당신 얘기 많이 들었어요.

A1 Really? Who told you about me?
▶ 그래요? 누가 제 얘기를 하던가요?

A2 I heard about you from Jiho, too.
▶ 저도 지호한테 당신 얘기 들었어요.

A3 Hopefully just good things. ▶ 아, 나쁜 얘기가 아니었길 바랄게요.

A4 And what about the real me? ▶ 실제로 만나 보니 어떤가요?

↳ **In person, you are even more beautiful.**
▶ 직접 보니까 훨씬 더 예쁘세요.

A5 Jiho must have told you bad things about me.
▶ 틀림없이 지호가 나쁜 말만 했을 거예요.

Words & Expressions

hopefully 바라건대 | What about~? ~는 어때? | real 진짜의 | in person 직접 만나서 | even more 훨씬 더
must have p.p. 틀림없이 ~했을 것이다

Q5 What do you do for a living?
무슨 일 하세요?

A1 **I am an office worker.** ▶ 저는 회사원이에요.

A2 **I work for the government.** ▶ 저는 공무원이에요.

A3 **I run a small business.** ▶ 작은 사업을 하고 있어요.

↳ **Do you? What kind of business are you in?**
▶ 그래요? 어떤 업종인데요?

A4 **I'm actually between jobs now.**
▶ 사실 지금은 새 직장을 찾는 중이에요.

A5 **I'm a computer engineer working at a small company.**
▶ 저는 작은 회사에서 근무하는 컴퓨터 엔지니어예요.

Words & Expressions

for a living 밥벌이로, 생계 수단으로 | office 사무실, 회사 | government 정부 | run a business 사업을 하다
actually 사실은, 실제로 | between jobs 구직 중인 | engineer 기사, 엔지니어 | company 회사

Q6 Where do you live?
어디 사세요?

A1 **I live in Mapo.** ▶ 마포에 살아요.

A2 **I live just around here.** ▶ 바로 이 부근에 살아요.

A3 **Near Hongik University in Mapo district.**
▶ 마포구에 있는 홍익 대학교 근처예요.

↳ **Really? I go there a lot.** ▶ 정말요? 나 거기 자주 가는데.

A4 **In Mapo. It's quite away from here.** ▶ 마포요. 여기서 꽤 멀어요.

A5 **I used to live in Sadang, but I moved to Mapo two days ago.**
▶ 사당에서 살다가 이틀 전에 마포로 이사 왔어요.

Words & Expressions

just 바로 | around 주변의, 부근의 | near ~가까이에 | district 지역, 구 | quite 상당히
usde to (예전에) ~했었다 | move to ~로 이사하다 | ago (얼마의 시간) 전에

Q7 May I ask how old you are?
몇 살이신지 여쭤 봐도 돼요?

A1 **I'm twenty six.** ▶ 스물여섯이요.

A2 **I'm twenty six years old.** ▶ 스물여섯 살이에요.

A3 **Try to guess, How old do I look?** ▶ 맞춰 봐요, 몇 살로 보여요?

↳ **In your early twenties?** ▶ 이십 대 초반쯤이요?

A4 **I'm twenty six in Korean age.** ▶ 한국 나이로 스물여섯이에요.

A5 **I'm twenty five, but you have to add one more year in Korean age.**
▶ 스물다섯인데 한국 나이로는 한 살 더해야 돼요.

Words & Expressions

guess 생각하다 | look ~해 보이다 | in one's twenties 20대인 | add 더하다 | in Korean age 한국 나이로

Q8 Where are you from?
어디서 오셨어요?

A1 **I'm from Busan.** ▶ 부산에서 왔어요.

A2 **I'm from Busan, the second largest city of Korea.**
▶ 부산이요, 한국에서 두 번째 큰 도시지요.

A3 **I'm from Busan. Do you know where it is?**
▶ 부산이요. 어딘지 아세요?

↳ **Of course. I've been there.** ▶ 물론이지요. 가본 적 있어요.

A4 **I was born in Busan but I've lived in Seoul for a long time.** ▶ 부산에서 태어났지만 서울에서 계속 오래 살았죠.

A5 **Just tell me first why you are curious about that.**
▶ 왜 그게 궁금한지 먼저 말해 주세요.

Words & Expressions

second 두 번째의 | large(st) (가장) 큰 | be born 태어나다 | for a long time 오랫동안
curious 궁금한, 호기심이 많은

Q9 I'd like to keep in touch with you.
당신과 연락하고 지냈으면 좋겠어요.

A1 **I would too.** ▸ 저도요.

A2 **Absolutely. Call me any time.** ▸ 물론이죠. 언제라도 연락하세요.

A3 **Really? I think it will be nice for both of us.**
▸ 그래요? 그럼 서로 좋죠.

A4 **That would be cool.**
I'll let you know my e-mail address, too.
▸ 좋은데요. 제 이메일 주소도 알려 드릴게요.

A5 **Why don't you add me to your friends in Kakao Talk
or Facebook?** ▸ 카카오톡이나 페이스북 친구로 나 추가해 주실래요?

⤷ **Sure I will.** ▸ 당연하죠.

Words & Expressions

I'd like to ∼하고 싶다 │ keep in touch 연락하다 │ absolutely 물론인 │ any time 언제라도
cool 멋진, 근사한 │ let - know ∼에게 알려 주다 │ e-mail address 이메일 주소 │ add 추가하다

Q10 May I have your phone number?

전화번호 알려 주실 수 있어요?

A1 Okay. It's 010-555-1234. ▶ 네. 010-555-1234예요.

A2 Write it down. It's 010-555-1234.

▶ 적으세요. 010-555-1234예요.

A3 Here is my business card.

▶ 여기 제 명함이에요.

A4 Save my number, please. 010-555-1234.

▶ 제 번호 저장해 두세요. 010-555-1234예요.

↳**Let me check. Is it ringing?**

▶ 확인해 볼게요. 신호 가요?

A5 Let me save it for you. May I use your phone?

▶ 번호 저장해 드릴게요. 전화 줘 보실래요?

Words & Expressions

business card 명함 | save 저장하다 | check 확인하다 | ring (벨이) 울리다

가족 즉문즉답

Q11 Are you married?
결혼하셨어요?

A1 **Yes, I am.** ▶ 네, 했지요.

A2 **No, I'm still single.** ▶ 아니요, 아직 독신이에요.

A3 **Yes, I'm married. Do you see this ring?**
▶ 네, 했어요. 이 반지 보이세요?

↳ **I knew it. All good-looking guys are married.**
▶ 그럴 줄 알았어요. 잘생긴 남자들은 다 결혼했죠.

A4 **I was. It's sad, but I divorced a few years ago.**
▶ 했었지요. 하지만 슬프게도 몇 년 전에 이혼했어요.

A5 **No, but I'm going to marry my girlfriend this year.**
▶ 아뇨, 하지만 올해 여자 친구와 결혼할 거예요.

Words & Expressions

married 결혼한, 기혼인 | single 독신인 | ring 반지 | good-looking 잘생긴 | divorce 이혼하다
a few 2~3의, 몇의 | marry ~와 결혼하다 | girlfriend 여자 친구

Q12 How did you meet your wife?
부인과 어떻게 만났어요?

A1 We were friends at first. ▶ 처음엔 친구였어요.

A2 I met her at college. ▶ 대학 때 만났어요.

A3 She was the sister of one of my friends.
▶ 내 친구의 여동생이었어요.

A4 It's a long story. My wife and I met by chance.
▶ 얘기가 길어요. 아내와 나는 우연히 만났어요.

↳ Tell me more. I have plenty of time today anyway.
▶ 더 말해 봐요. 저 오늘 시간 많아요.

A5 On a blind date.
A friend of mine introduced her to me.
▶ 소개팅에서요. 제 친구가 아내를 소개시켜 줬어요.

Words & Expressions

at first 처음에는 | college 대학 | by chance 우연히 | plenty 다수, 다량 | blind date 소개팅, 맞선
introduce 소개하다

Q13 Do you have children?
자녀는 있어요?

A1 **Yes, I have a daughter/son.** ▶ 네, 딸/아들이 하나 있어요.

A2 **Yes, a son and a daughter.** ▶ 네, 1남 1녀예요.

A3 **No, I don't. I don't want to have children.**
▶ 아뇨, 없어요. 저는 아이를 원치 않아요.

A4 **Not yet. We've been trying, but things aren't always easy.** ▶ 아직은요. 노력은 하는데 쉽지 않네요.

A5 **Actually, we are expecting a baby this September.**
▶ 실은 올해 9월에 아기가 태어나요.

↳ **Congratulations! You're going to be a daddy!**
▶ 축하해요! 아빠가 되겠네요.

Words & Expressions

daughter 딸 | son 아들 | actually 실은, 사실은 | expect 기대하다, 바라다 | Congratulations 축하합니다

Q14 Your married life seems to be happy.
결혼 생활이 행복하신 것 같아요.

A1 **Of course. I'm happy.** ▶ 네. 행복해요.

A2 **You bet! I love my family a lot.**
▶ 물론이죠! 나는 내 가족을 정말 사랑해요.

A3 **I am. I'm satisfied with my life.** ▶ 그래요. 나는 내 삶에 만족해요.

A4 **Yes. I'm really thankful for my family.**
▶ 그래요. 내 가족들에게 정말 감사하답니다.

A5 **It is, man. I think I'm the luckiest person in the world.**
▶ 그럼요. 나는 이 세상에서 제일 운 좋은 사람 같아요.

⤷ **I even dream of marrying after seeing you.**
▶ 당신을 보니 결혼이 하고 싶어지네요.

Words & Expressions

seem to ~한 것 같다 | You bet 물론이다 | satisfied with ~에 만족하는 | thankful for ~에 고마운, 감사하는
man 여봐요 | lucky 운이 좋은 | dream of ~을 꿈꾸다 | marry 결혼하다

Do you live with your family?
가족과 살고 있어요?

A1 **Yes, I do.** ▶ 네. 그래요.

A2 **No, I live alone.** ▶ 아뇨, 전 혼자 살아요.

A3 **No, I live in the same town my parents live, though.**
▶ 아뇨, 그래도 부모님과 같은 동네에서 살고 있어요.

A4 **Yes. I want to live with them until I get married.**
▶ 네. 결혼하기 전까지는 같이 살고 싶어요.

↳ **You're a good daughter.** ▶ 좋은 딸이네요.

A5 **No. I got a studio last year and have lived on my own since then.**
▶ 아뇨. 작년에 원룸을 얻어서 그때부터 혼자 살고 있어요.

Words & Expressions

alone 혼자서 | town 마을, 동네 | though 그래도 | studio 원룸 | last 지난 | on my own 나 스스로, 혼자
since ~이래로

Q16 What are your parents like?
부모님은 어떤 분들이세요?

A1 **They're good people.** ▶ 좋은 분들이세요.

A2 **Dad is a typical Korean father.**
▶ 아빠는 전형적인 한국 아버지예요.

A3 **They're like any other parents, always lecturing.**
▶ 다른 부모님들과 마찬가지죠, 언제나 잔소리하시는.

↳ **I know exactly what it's like.** ▶ 그게 어떤 건지 저도 잘 알죠.

A4 **My parents are the most open-minded people I've ever known.** ▶ 우리 부모님은 내가 아는 바로는 가장 개방적인 분들이에요.

A5 **Actually, my father passed away years ago.**
So, it was hard for mom to raise me and my sisters.
▶ 실은 우리 아버지는 몇 년 전에 돌아가셨어요.
그래서 엄마가 나랑 여동생들 키우느라 고생 많으셨죠.

Words & Expressions

parents 부모님 | typical 전형적인 | lecture 훈계하다 | exactly 바로, 정확히
open-minded 사고가 열려 있는 | actually 실은, 사실은 | pass away 돌아가시다 | raise 키우다

Q17 Do you have a good relationship with your parents?

부모님과는 사이가 좋은가요?

A1 Of course I do. ▶ 물론이죠.

A2 Yeah, to a certain degree.
▶ 네, 어느 정도는요.

A3 Yes. They are always supportive to me.
▶ 그럼요. 부모님은 언제나 저를 지지해 주세요.

A4 Yeah. As much as any other parents and their daughters do. ▶ 네. 다른 부모와 딸들만큼은요.

A5 I believe so. I haven't talked with them a lot these days, though.
▶ 그럴 거라고 믿어요. 하지만 요즘은 얘기를 많이 못하고 있어요.

↳ **It's hard for me to share time with my parents, too.**
▶ 저도 부모님과 시간을 보내기가 어렵네요.

Words & Expressions

relationship 관계 | certain 어느, 어떤 | degree 정도 | supportive 지지하는, 옹호하는
as much as ~만큼 | believe 믿다 | these days 요즘 | share 나누다

Q18 **Are you more like your mother or your father?**

아버지를 더 닮았어요, 어머니를 더 닮았어요?

A1 **I look like my mom.** ▶ 난 엄마를 닮았어요.

A2 **Mom. I am just like my mom.** ▶ 엄마요. 난 그냥 딱 엄마 같아요.

A3 **People say I'm more like my dad.**
▶ 사람들이 나는 아빠를 더 닮았대요.

A4 **I take after my mom and dad half and half.**
▶ 나는 엄마 아빠를 반반씩 닮았어요.

A5 **I look more like my dad, but my personality is more like my mom's.**
▶ 생김새는 아빠를 더 닮았고 성격은 엄마를 닮았어요.

↳ **Your dad must be good-looking.** ▶ 아빠가 잘생기셨나 봐요.

Words & Expressions

look like (생김새가) ~를 닮다 | just like ~와 꼭 같은 | take after ~를 닮다 | half 반
personality 인성, 성격 | good-looking 잘생긴

Q19 Do you have any sisters or brothers?

형제나 자매가 있어요?

A1 Yes, I have a brother. ▶ 네. 남자 형제가 하나 있어요.

A2 No, I'm an only child. ▶ 아니요, 저는 독자예요.

A3 Yes, I have an elder sister and a younger brother.
▶ 네. 언니랑 남동생이 있어요.

A4 I had a sister but she died when I was a child.
▶ 언니/여동생이 있었는데 제가 어렸을 때 죽었어요.

↳ Oh, I'm sorry to hear that. ▶ 저런, 안됐네요.

A5 Yeah, I have an elder brother who behaves just like a
12-year-old boy.
▶ 네. 열두 살짜리 애처럼 구는 오빠가 있어요.

Words & Expressions

only child 독자 | elder 손위의, 나이가 위인 | die 죽다 | behave 행동하다, 굴다

Q20 Are you close to your sister?
언니랑 친한가요?

A1 **Yes, I am.** ▸ 네, 친해요.

A2 **Unfortunately, I'm not.** ▸ 유감스럽지만 안 그래요.

A3 **Yeah. We talk a lot whenever we're together.**
▸ 그럼요. 우린 함께 있을 때마다 이야기 많이 해요.

A4 **Of course. I can't imagine being without her.**
▸ 물론이죠. 난 언니 없는 걸 상상할 수가 없어요.

↳ **Wow, I wish I had a sister like yours.**
▸ 와, 당신 언니 같은 누나가 나도 있었으면 좋겠어요.

A5 **We used to. But we became distant for some reason.**
▸ 친했었죠. 하지만 어쩌다가 멀어졌어요.

Words & Expressions

unfortunately 불행하게도 | talk 이야기하다 | whenever ~할 때마다 | imagine 상상하다
without ~가 없는 | distant (거리가) 먼 | reason 이유 | for some reason 어쩌다가

취미, 여가

Q21 What do you like to do when you're free?
한가할 때는 뭐 하는 걸 좋아하세요?

A1 **I like jogging.** ▶ 조깅 좋아해요.

A2 **I enjoy listening to classical music.** ▶ 클래식 음악 듣는 걸 즐겨요.

A3 **I go hiking when I can.** ▶ 저는 시간 되면 등산을 해요.

A4 **Nothing special. I just kill time watching TV or something.** ▶ 특별한 건 없어요. TV 같은 거 보면서 그냥 시간 보내지요.

A5 **I'm addicted to blogging these days. I'm kind of a famous blogger.**
▶ 요즘 블로그 하는 거에 빠져 있어요. 저 좀 유명한 블로거예요.

↳ That's amazing! Let me know how I can see your blog.
▶ 굉장한데요! 당신 블로그 어떻게 하면 볼 수 있나 알려 줘요.

Words & Expressions

free (시간이) 자유로운 | jogging 조깅 | enjoy 즐기다 | classical 고전의 | go hiking 등산하다
special 특별한 | kill time 시간을 때우다 | addicted 중독된 | blogging 블로그 하기 | kind of 좀

Q22 What kind of music do you like?

어떤 음악을 좋아해요?

A1 **I like K-pop.** ▶ 난 케이팝 좋아해요.

A2 **I like all kinds of music.** ▶ 난 모든 종류의 음악을 다 좋아해요.

A3 **Well... I don't have a good ear for music.**
▶ 글쎄요… 음악 듣는 귀가 없어서요.

A4 **I'm a big fan of rock and roll. It de-stresses me.**
▶ 난 로큰롤 광팬이에요. 스트레스가 확 풀려요.

↳ **I'm crazy about rock and roll, too.** ▶ 나도 로큰롤에 빠져 있어요.

A5 **I love jazz. When listening to Miles Davis, I can escape from reality.**
▶ 나는 재즈를 사랑해요. 마일즈 데이비스를 들으면 현실을 잊을 수 있죠.

Words & Expressions

kind 종류 | have a (good) ear for ~하는 귀가 좋다 | fan 팬 | de-stress 스트레스를 없애다
crazy about ~에 빠져 있는 | escape 도피하다 | reality 현실

I want to learn to play the guitar.
나는 기타 연주를 배우고 싶어요.

A1 **So do I.** ▸ 저도요.

A2 **I play the guitar.** ▸ 저는 기타 쳐요.

A3 **Sounds great. Why not start right away?**
▸ 멋지네요. 바로 시작해요.

A4 **That's cool. A man playing the guitar looks great.**
▸ 근사해요. 기타 치는 남자 멋있어요.

↳ **That's why I want to learn to play the guitar.**
▸ 기타 배우고 싶은 이유가 그거예요.

A5 **I was learning to play the guitar before, but I quit.**
▸ 예전에 기타 배웠었는데 그만뒀어요.

Words & Expressions

play 연주하다 | guitar 기타 | <Why not + 동사> ~가 어때? | right away 바로 | cool 근사한
that's why 그래서 | quit 그만두다

Q24 Do you read a lot?
독서는 많이 하세요?

A1 **Yes, I like reading.** ▶ 네. 저는 독서를 좋아해요.

A2 **I try to read many books when I'm free.**
▶ 여유 있을 때 책을 많이 읽으려고는 해요.

A3 **Not really much. I think around a book a week.**
▶ 많지는 않아요. 일주일에 한 권 정도요.

A4 **It's embarrassing to say it, but I can't read a lot these days.** ▶ 말하기 부끄럽지만 요즘에는 책을 많이 못 읽어요.

A5 **Yes, I like reading texts, especially detective stories. I gobble them up.**
▶ 네. 글 읽는 걸 좋아해요. 특히 추리소설이요. 닥치는 대로 읽죠.

↳ **Japanese detective novels are the best.**
▶ 일본 추리소설은 최고지요.

Words & Expressions

reading 독서 | much 많은 | embarrassing 당황스러운, 창피한 | a lot 많은 | these days 요즘
text 글, 문서 | detective 탐정, 형사 | detective story/novel 탐정 소설
gobble up 게걸스럽게 먹다, 취하다 | the best 제일

Q25 Please recommend me some interesting books.
재미있는 책 좀 추천해 주세요.

A1 **The "Da Vinci Code" is good.** ▶ <다빈치 코드>가 좋아요.

A2 **How about the "Da Vinci Code"?** ▶ <다빈치 코드> 어때요?

A3 **Have you read the "Da Vinci Code"?**
▶ <다빈치 코드> 읽어 봤어요?

↳ **No, not yet. Is it that interesting?**
▶ 아뇨, 아직요. 그게 그렇게 재미있어요?

A4 **If you like mystery stories as I do, you will like the "Da Vinci Code."**
▶ 나처럼 미스터리 소설 좋아하면 <다빈치 코드> 좋아할 거예요.

A5 **The "Da Vinci Code."**
It's the best mystery novel that has ever been published. ▶ <다빈치 코드>요. 이제껏 출판된 미스터리 소설 중에는 최고예요.

Words & Expressions

recommend 추천하다 | How about ~? ~는 어때? | yet 아직까지 | mystery story/novel 미스터리 소설
publish 출판하다

Q26 Have you seen any movies recently?
최근에 영화 보신 거 있나요?

A1 **Yeah. I saw one yesterday.** ▸ 네. 어제 하나 봤어요.

A2 **No, not in recent months.** ▸ 아뇨, 최근 몇 달간은요.

A3 **Yes, I saw "Pretty Woman" at a local movie theater.**
▸ 네, 동네 영화관에서 <프리티 우먼> 봤어요.

A4 **Yeah. I went to see "The Lord of the Rings."**
It's just out of this world!
▸ 네. <반지의 제왕> 보러 갔어요. 정말 굉장해요!

A5 **I'm going to. I heard that a movie starred by**
Di Caprio is in theaters now.
▸ 보려고요. 디 카프리오가 주연한 영화를 한다고 해서요.

↳ **Let's go see it together, if you don't mind.**
▸ 괜찮으면 나랑 같이 보러 가요.

Words & Expressions

recently 최근에 | local 지방의, 동네의 | theater 극장 | out of this world 너무 좋은
be going to ~할 것이다 | star 주연을 맡다 | mind 꺼리다

What was the movie like?
그 영화 어땠어요?

A1 **It was fun.** ▶ 재미있었어요.

A2 **It was a waste of money.** ▶ 돈 아까웠어요.

A3 **You have to see the movie. You won't regret it.**
▶ 그 영화 봐요. 후회 안 할 거예요.

↳ **Okay. I think I'd better download it.**
▶ 좋아요. 다운로드해서 보는 게 좋겠네요.

A4 **Not bad. If just the actor was not Glenn Parker.**
▶ 나쁘진 않았어요. 배우가 글렌 파커만 아니었다면.

A5 **The last ten minutes were breathtaking.**
Ridley Scott never disappoints me.
▶ 마지막 십 분은 숨이 막힐 정도였어요.
리들리 스콧은 언제나 실망시키지 않아요.

Words & Expressions

fun 재미있는 │ waste 낭비 │ have to ~해야 하다 │ regret 후회하다 │ 'd better ~하는 게 낫다
download 다운로드 │ last 마지막 │ breathtaking 숨 막히는 │ disappoint 실망시키다

Q28 Do you often go to karaoke rooms?
노래방 자주 가세요?

A1 **Why not?** ▸ 왜 안 그러겠어요?

A2 **Yes. I like singing with my friends.**
▸ 네. 친구들과 노래하는 걸 좋아해요.

A3 **No, I don't like singing. I'm a terrible singer.**
▸ 아뇨. 난 노래하는 거 안 좋아해요. 노래 정말 못해요.

A4 **It's been quite a while since I went to a karaoke room.**
▸ 노래방 가본 지가 꽤 됐는걸요.

A5 **Yeah, sometimes.**
I feel refreshed after some crazy singing and dancing.
▸ 네. 가끔요. 미친 듯이 노래하고 춤추고 나면 후련해져요.

↳ **Let's go to a karaoke bar some time.**
▸ 언제 한번 노래방 가요.

Words & Expressions

karaoke room 노래방 | terrible 형편 없는, 좋지 않은 | quite 상당히 | while 잠시의 시간 | sometimes 가끔
refresh 상쾌하게 하다 | crazy 미친 | bar 술집

Q29

Are you free on weekends?
주말에는 여유가 있나요?

A1 **Only on Sundays.** ▸ 일요일에만요.

A2 **I am. I have much spare time on weekends.**
▸ 네. 주말에는 시간이 남아 돌아요.

A3 **Yes. So I make appointments mostly on weekends.**
▸ 네. 그래서 주로 주말에 약속을 잡아요.

A4 **No, I have a part-time job on weekends and I feel always tired.** ▸ 아뇨. 주말에 아르바이트를 해서 언제나 피곤해요.

A5 **Yes, I am. That's why I'm thinking of doing some volunteer work during weekends.**
▸ 네. 그래서 주말 동안 자원봉사를 할까 생각 중이에요.

↳ You're amazing. I'm always thinking of how to have fun.
▸ 대단하네요. 난 언제나 어떻게 놀 건지 궁리만 하는데.

Words & Expressions

weekend 주말 | spare 남는 | make appointments 약속하다 | mostly 거의, 주로 | part-time job 아르바이트
tired 피곤한 | volunteer 자원, 지원 | amazing 놀라운 | have fun 재미있게 지내다

Q30 **What would you like to do if you had time and money?**
돈과 시간이 있으면 뭐 하고 싶어요?

A1 **Simple. Having fun.** ▸ 그냥 노는 거죠.

A2 **I'd travel around the world.** ▸ 세계 여행을 하고 싶어요.

A3 **I'd like to have a party with my friends every single night.** ▸ 매일 밤마다 친구들과 파티하고 싶어요.

⤷ **Would you invite me as well? Please.**
▸ 나도 초대해 줄 거죠? 제발요.

A4 **I would like to learn French cuisine from world-renowned chefs.**
▸ 세계적으로 유명한 요리사들한테서 프랑스 요리를 배우고 싶어요.

A5 **Just thinking of it makes me happy.** ▸ 생각만 해도 기분 좋네요.
I would do everything that I've always wanted to do.
▸ 하고 싶었던 일들 다 할 거예요.

Words & Expressions
simple 간단한, 단순한 | travel 여행 | world 세상 | every single 단 하나의 …도 | night 밤
invite 초대하다 | as well ~도 | world-renowned 세계적으로 유명한 | chef 요리사 | thought 생각

외모 즉문즉답

Q31 You have beautiful eyes.
눈이 참 예뻐요.

A1 **Really? Thank you.** ▶ 그래요? 고마워요.

A2 **I appreciate your words but I don't like my eyes.**
▶ 말은 고맙지만 난 내 눈 맘에 안 들어요.

A3 **I don't think so. I wish I had double eyelids.**
▶ 그런 것 같지 않아요. 쌍꺼풀이 있으면 좋겠어요.

A4 **Yeah, I'm satisfied with my eyes, but not with my nose.** ▶ 네, 난 눈에는 만족하는데 코는 아니에요.

A5 **To tell you the truth, I had plastic surgery.**
▶ 사실은 나 성형 수술한 거예요.

↳ **Are you serious? Your eyes look so natural.**
▶ 정말이에요? 눈이 정말 자연스러워 보여요.

Words & Expressions

appreciate ~에 감사하다 | eyelid 눈꺼풀 | truth 진실 | plastic 인공의 | surgery 수술 |
serious 심각한, 정말인 | natural 자연스러운

Q32 Aren't you afraid of getting surgery?
수술받는 거 안 무서워요?

A1 **No, I'm not.** ▶ 아뇨. 안 무서워요.

A2 **Oh, it's just simple surgery.** ▶ 아유. 간단한 수술인데요.

A3 **Frankly speaking, I'm afraid, but I can stand it.**
▶ 솔직히 말해 무섭지만 참을 수 있어요.

A4 **It's nothing when you want to be beautiful.**
▶ 예뻐지려면 그건 아무것도 아니에요.

↳ **Oh, I can't understand girls.** ▶ 여자들은 이해를 못하겠어요.

A5 **I am. But anyway, everybody gets lots of cosmetic surgeries these days.**
▶ 무서워요. 하지만 요즘은 모두들 미용 성형 많이 받거든요.

Words & Expressions

afraid 무서운 | surgery 수술 | frankly speaking 솔직히 말하면 | stand 참다 | understand 이해하다
cosmetic 미용의

Q33 What do you think about getting plastic surgery?

성형 수술받는 것에 대해 어떻게 생각해요?

A1 I don't support it. ▶ 찬성은 안 해요.

A2 I wouldn't like having surgery. I'm scared of it.
▶ 난 수술받기 싫어요. 무서워요.

A3 It's not a matter of what I think.
▶ 내가 어떻게 생각하는지의 문제는 아니지요.

A4 I think a person has to accept what he or she is.
▶ 사람은 자기 자신에 대해 받아들여야 한다고 생각해요.

↳ So, you mean you're against it.
▶ 그래서 당신은 반대하는 거네요.

A5 If it is helpful to become confident, I don't think it's bad.
▶ 자신감이 생기는 데 도움이 된다면 나쁘지 않다고 생각해요.

Words & Expressions

support 지지하다, 찬성하다 | scared 겁나는 | matter 일 | accept 받아들이다 | mean 의미하다
against 반대인 | helpful 도움이 되는 | confident 확신하는

Q34 All Korean girls are slender like you.
한국 여자들은 모두 당신처럼 날씬해요.

A1 **No, I'm not.** ▶ 아니에요. 난 안 그래요.

A2 **Don't flatter me.** ▶ 아부하지 말아요.

A3 **All Korean girls are thin but me.**
▶ 나 빼고 한국 여자들은 다 말랐지요.

A4 **What are you talking about? I have to go on a diet.**
▶ 무슨 말이에요? 나 다이어트 해야 돼요.

⤷ **You shouldn't. You are just perfect.**
▶ 하면 안 돼요! 몸매 완벽해요.

A5 **I used to be fat, but I lost over 10 kilograms.**
▶ 원래 뚱뚱했었는데 십 킬로그램 넘게 뺀 거예요.

Words & Expressions

slender 날씬한 | thin 마른 | but ~는 빼고 | go on a diet 다이어트를 하다 | perfect 완벽한
used to 예전에는 ~했다 | lose 잃다 | over ~ 넘게

Q35 You don't have to worry about the way you look.

외모에 자신감을 가져요.

A1 Thank you for saying that. ▶ 그렇게 말해 줘서 고마워요.

A2 I can't. I'm ugly. ▶ 그럴 수가 없어요. 난 못생겼어요.

A3 It's easier said than done. ▶ 말이 쉽지요.

A4 I'm at ease with my look.
But I would like to look better.
▶ 자신은 있어요. 하지만 좀 더 예뻐 보이고 싶어요.

A5 I won't. After getting several more touches on my face.
▶ 그럴 거예요. 얼굴에 몇 군데 손 좀 더 보면요.

↳ You're joking, aren't you? ▶ 농담하는 거 맞죠?

Words & Expressions

don't have to ～할 필요 없다 | worry about ～에 대해 걱정하다 | way 방법, 방식 | ugly 못생긴
at ease 편안한, 걱정 없는 | several 몇몇의, 약간 | touch 살짝 손을 댐 | joke 농담하다

Q36 You look so tall. How tall are you?
정말 키가 커 보여요. 키가 얼마예요?

A1 I'm 185 centimeters tall. ▶ 185센티미터예요.

A2 Not really. I'm just average. ▶ 아니에요. 그냥 평균 키예요.

↳ If you're average, I'm a dwarf. ▶ 당신이 평균이면 나는 난쟁이에요.

A3 Yeah. I was always the tallest boy in my class.
▶ 맞아요. 전 언제나 반에서 키가 제일 큰 학생이었죠.

A4 I don't know exactly.
I haven't measured my height.
▶ 정확히 몰라요. 키를 안 재봤어요.

A5 I've grown over 15 centimeters after college.
▶ 대학에 들어간 이후에 15센티미터 넘게 컸어요.

Words & Expressions

centimeter 센티미터 | average 평균의 | dwarf 난쟁이 | class 학급 | exactly 정확히
measure 측정하다, 재다 | height 키, 높이 | grow 자라다 | college 대학

Q37 It's good to be tall, isn't it?
키가 크면 좋죠, 그죠?

A1 I'm not really sure. ▶ 잘 모르겠는데요.

A2 Better than being short, for sure. ▶ 작은 것보단 분명히 낫죠.

A3 It should be nice to catch people's attention.
▶ 보기는 좋겠죠.

A4 I think I can behave more confidently thanks to
my height. ▶ 키가 크니까 자신감 있게 행동할 수 있는 것 같아요.

A5 Well... I don't think I've got any advantages for
being tall. ▶ 글쎄요… 키가 커서 별 이득 보는 건 없는 것 같은데요.

↳ Why not? You breathe in fresher air.
▶ 왜 없어요? 더 신선한 공기 마시잖아요.

Words & Expressions

for sure 분명히, 물론 | catch 잡다 | attention 주의, 주목 | behave 행동하다 | confidently 자신 있게
thanks to ~ 덕분에 | height 키, 높이 | have got 가지다, 있다 | advantage 이익 | breathe 숨 쉬다
fresh 신선한

Q38 The dress looks good on you.
그 옷이 잘 어울리는 것 같아요.

A1 Do I look pretty? ▶ 예뻐 보여요?

A2 I spent some money for this. ▶ 이거 사느라 돈 좀 썼죠.

A3 I look good in anything, you know.
▶ 있잖아요. 난 뭘 입어도 잘 어울리거든요.

A4 This is what I always wear. I bought this long ago.
▶ 이거 맨날 입는 건데요. 산 지 오래됐어요.

A5 Haven't you noticed that Korean girls have an eye for fashion? ▶ 한국 여자들이 패션 감각 있는 거 몰랐어요?

↳ I know that. Korean girls are like models.
▶ 알아요. 한국 여자들은 모델 같아요.

Words & Expressions

look ~해 보이다 | spend (돈을) 쓰다 | wear 입다 | ago 이전에 | notice 알아채다
have an eye for ~를 보는 눈이 있다 | model 모델

Q39 Did you get a perm?
파마한 거예요?

A1 **Yes, I did.** ▶ 네. 그래요.

A2 **No, my hair is naturally curly.** ▶ 아뇨. 원래 곱슬머리예요.

A3 **Yes, pretty long ago.**
I'll need to have my hair done, soon.
▶ 네. 꽤 오래 전에요. 곧 머리해야 돼요.

A4 **Yeah. I have my hair permed every two or three months.** ▶ 네. 저는 두세 달에 한 번씩 파마를 해요.

A5 **Yes. But I've got tired of my permed hair.**
I'm thinking of getting my hair cut.
▶ 네. 하지만 파마 머리가 지겨워졌어요.
머리를 자를까 생각 중이에요.

⤷ **Short hair would also look good on you.**
▶ 짧은 머리도 어울릴 것 같아요.

Words & Expressions

perm 파마 ┃ hair 머리카락, 털 ┃ naturally 원래, 타고난 ┃ curly 곱슬머리인 ┃ have one's hair done 머리하다 ┃ every two or three 두세~ 중 한 번 ┃ month 달 ┃ tired of 지겨운 ┃ good on ~에게 어울리는

Q40 The necklace you're wearing is quite unique.
하고 있는 목걸이가 아주 독특하네요.

A1 **Do you like this?** ▶ 이거 괜찮아요?

A2 **It's a good one, isn't it?** ▶ 괜찮죠. 그죠?

A3 **I got it at a flea market.** ▶ 이거 벼룩시장에서 샀어요.

A4 **This was a birthday gift from a friend of mine.**
▶ 이건 친구한테서 받은 생일 선물이에요.

A5 **My mom herself made this for me, so it means a lot to me.**
▶ 엄마가 직접 만들어 주신 거라 저한테는 의미가 깊지요.

↳ **Wow, your mom has a great skill.**
▶ 와, 어머니 솜씨가 대단하시네요.

Words & Expressions

necklace 목걸이 | quite 꽤 | unique 독특한 | flea market 벼룩시장 | gift 선물 | mean 의미하다
great 굉장한 | skill 기술, 솜씨

성격, 취향, 재능

Q41 What kind of person do you think you are?
당신은 어떤 사람인 것 같아요?

A1 I'm just a normal person. ▶ 나는 그냥 평범한 사람이에요.

A2 I don't know. You tell me. ▶ 모르겠어요. 당신이 말해 줘요.

↳ I think you're very thoughtful and caring.
▶ 당신은 사려 깊고 배려가 있는 것 같아요.

A3 Some people say I'm a good guy.
▶ 어떤 사람들이 그러는데 내가 괜찮은 사람이래요.

A4 I might say I'm sociable. I like being with people.
▶ 나는 사교적이라고 말할 수 있을 것 같아요.

A5 I'm not exceptionally gifted.
I simply try to do my best at anything I do.
▶ 타고난 재능이 많지 않아서 그냥 뭐든지 열심히 하려고 해요.

Words & Expressions

normal 보통의 | person 사람 | thoughtful 사려 깊은 | caring 배려심 있는 | guy 남자, 사람
sociable 사교적인 | exceptionally 특별히 | gifted 타고난, 뛰어난 | simply 간단히, 그냥
do one's best 최선을 다하다

Q42 You are charming.
당신은 매력적인 사람이에요.

A1 Thank you, but I don't think I am.
▶ 고마운 말이지만 그런 것 같지 않은데요.

↳ **Yes, you are.** ▶ 아니에요. 정말이에요.

A2 It's nice to hear the word, "charming."
▶ 매력적이라는 말 듣기 좋네요.

A3 It's so sweet of you to say so.
▶ 그렇게 말해 주다니 정말 다정하시네요.

A4 It's you who are really attractive.
▶ 진짜 매력적인 사람은 당신이에요.

A5 This is my first time to take such a compliment.
▶ 이런 칭찬은 처음 들어 보는데요.

Words & Expressions

charming 매력적인, 멋진 | sweet 다정한 | attractive 매력적인, 끌리는 | compliment 칭찬

Q43 Do you worry much about everything?
매사에 걱정이 많은가요?

A1 **Yes, kind of.** ▶ 네, 좀 그래요.

A2 **Did you notice it?** ▶ 눈치챘어요?

A3 **Yes. I'm kind of fearful.** ▶ 네. 제가 좀 소심한 편이에요.

A4 **I try not to, but I can't help it.**
▶ 안 그러려고 하는데 어쩔 수가 없네요.

↳ **Try to look on the bright side of things.**
▶ 매사에 좋은 면을 보려고 해봐요.

A5 **That's my problem.**
That's the reason I get depressed easily.
▶ 그게 문제에요. 그래서 쉽게 우울해져요.

Words & Expressions

kind of 조금 | notice 알아채다 | fearful 겁 많은 | can't help 어쩔 수 없다 | bright 밝은 | side 쪽, 편
reason 이유 | depressed 처지는, 우울한 | easily 쉽게

Q44 Don't bother to be too nice to people.

사람들한테 너무 잘하려고 애쓰지 말아요.

A1 **It doesn't bother me.** ▶ 힘든 건 아니에요.

A2 **But this is my personality.** ▶ 하지만 그게 내 성격인걸요.

A3 **What made you think so? I'm not that nice.**
▶ 왜 그렇게 생각해요? 난 그렇게 착하지 않아요.

A4 **I know what you mean.**
But I am used to being like this.
▶ 무슨 말인지 알아요. 하지만 이렇게 하는 거에 익숙해져 있어서요.

A5 **What can I do?**
I'm just a helpless victim of "Nice Girl Syndrome."
▶ 어쩌겠어요? '착한 여자 증후군'의 힘없는 희생양이거든요.

↳ I've never heard of that. ▶ 그런 말은 처음 들어 봐요.

Words & Expressions

bother 괴롭히다, 힘들게 하다 | personality 성격 | be used to ~에 익숙하다 | helpless 무력한, 속수무책인
victim 희생양 | syndrome 증후군

Q45 Which would you choose? A good girl, or a pretty girl?

착한 여자, 예쁜 여자 중에 어느 쪽이 좋아요?

A1 **A pretty girl.** ▸ 예쁜 여자요.

A2 **The richer girl. I'm just joking.** ▸ 돈이 더 많은 여자요. 농담이에요.

A3 **I think I have to say the good girl.**
▸ 착한 여자라고 말해야 될 것 같은데요.

A4 **I would choose a pretty girl and then I would make her become good.** ▸ 예쁜 여자를 골라서 착하게 만들지요.

↳ **Nonsense. People don't change.** ▸ 말도 안 돼요. 사람은 안 바뀌어요.

A5 **Definitely a good girl.**
A pretty face is completely useless.
▸ 당연히 착한 여자죠. 예쁜 얼굴은 아무 쓸모없어요.

Words & Expressions

choose 고르다 | good 착한 | rich 부자인 | joke 농담(하다) | nonsense 터무니없는 | people 사람들
definitely 당연히 | completely 완전히 | useless 쓸모없는

Q46 What are you good at?
뭘 잘하세요?

A1 **Nothing much.** ▶ 별로 없어요.

A2 **I'm not gifted at anything in particular.**
▶ 난 아무것도 특별한 재주가 없어요.

A3 **Why are you asking that?**
It's kind of an embarrassing question.
▶ 왜 그런 걸 물어요? 좀 당황스러운 질문이네요.

A4 **Well... I have a little talent for languages, I guess.**
▶ 글쎄요… 어학에 조금 소질이 있는 것 같아요.

A5 **You might even think that I'm a loser, but I'm an authentic all-rounder.**
▶ 재수 없다고 생각할 수도 있겠지만, 나는 진정한 팔방미인이에요.

↳ **Oh, please stop praising yourself.** ▶ 아유, 자화자찬 좀 그만해요.

Words & Expressions

good at ~를 잘하는 | much 많은 | gifted 타고난 | in particular 특별히 | embarrassing 당황스러운
question 질문 | a little 조금 | talent 재능, 소질 | language 언어 | guess 생각하다 | loser 패배자
authentic 진품의, 진짜의 | all-rounder 팔방미인 | praise 칭찬하다

Q47 I envy talented people.
재주 있는 사람이 부러워요.

A1 **Same here.** ▶ 나도요.

A2 **So do I.** ▶ 나도 그래요.

A3 **I agree with you. Talented people are popular.**
▶ 맞아요. 재주 있는 사람들은 인기가 많잖아요.

A4 **But so many people are talented these days.**
▶ 하지만 요즘은 재주 많은 사람들이 정말 많아요.

A5 **They say people with too many talents live poorly.**
▶ 재주가 많으면 가난하게 산다던데요.

↳ **Who says that?** ▶ 누가 그래요?

Words & Expressions

envy 부러운 | agree 찬성하다, 동의하다 | talented 재주 많은 | popular 인기 있는

Q48 You have a unique taste.
취향이 독특하신데요.

A1 **Really? Thank you.** ▶ 그래요? 고마워요.

A2 **Does this look strange?** ▶ 이게 이상해 보이나요?

A3 **Not really. This is just popular these days.**
▶ 꼭 그런 건 아니에요. 이게 요즘 인기란 말이에요.

A4 **Well, everybody has his or her own taste.**
▶ 글쎄요. 누구나 자기 취향이라는 게 있으니까요.

⤷ Of course. This is just you. ▶ 물론이죠. 이건 딱 당신 스타일이에요.

A5 **This stands out a little, isn't it?**
I like accessories drawing attention.
▶ 이거 좀 튀죠? 액세서리는 눈에 띄는 걸 좋아해서요.

Words & Expressions

unique 독특한 | taste 맛, 취향 | strange 이상한 | own 자신의 | stand out 튀다 | accessory 액세서리
attention 주의, 주목 | draw attention 주의를 끌다

Q49 Do you like green?
초록색을 좋아해요?

A1 **Yes, I think I do.** ▶ 네. 그런 것 같아요.

A2 **Why are you asking?** ▶ 그건 왜 물어보시는 거예요?

↳ **You're wearing a green dress.** ▶ 초록색 원피스를 입고 있어서요.

A3 **I prefer blue to green.** ▶ 초록색보다는 파랑을 좋아해요.

A4 **Yeah. Green makes me feel easy.**
It's the color of nature.
▶ 네. 초록색을 보면 편안해져요. 자연의 색이잖아요.

A5 **I like delicate shades of green, pink, or blue.**
▶ 은은한 파스텔 톤의 초록이나 핑크, 파랑 같은 걸 좋아해요.

Words & Expressions

wear 입다 | dress 원피스 | prefer A to B B보다 A를 좋아하다 | easy 편안한 | nature 자연
delicate 섬세한 | shades 색조

Q50 Does living in a big city fit you?

대도시에 사는 게 당신한테 맞아요?

A1 **Yes it does. I like big cities.** ▶ 네. 저는 대도시가 좋아요.

A2 **By all means. I'm still young, you know.**
▶ 그럼요. 나는 아직 젊잖아요.

A3 **Yes, it's comfortable to live in such a place.**
▶ 네. 그런 데서 사는 게 편하잖아요.

↳ **But isn't it hectic?** ▶ 하지만 정신없지 않아요?

A4 **Sometimes, I imagine myself living in a remote rural place.** ▶ 가끔은 외딴 시골에서 사는 것도 상상해 봐요.

A5 **Yes, it does.** ▶ 네. 그래요.
But I'd like to move to the quiet countryside when I get old. ▶ 하지만 나이가 들면 한적한 시골로 가고 싶어요.

Words & Expressions

big city 대도시 ｜ fit 꼭 맞다 ｜ by all means 물론, 아무렴 ｜ still 아직 ｜ young 젊은 ｜ comfortable 편안한
hectic 정신없이 바쁜 ｜ imagine 상상하다 ｜ remote 외딴, 떨어진 ｜ rural 시골의 ｜ move 이사하다
quiet 조용한 ｜ country(side) 시골

Scene #6 생활, 습관 _{즉문즉답}

Q51 Are you busy these days?
요즘 바빠요?

A1 **No, I'm not really busy.** ▶ 아뇨, 별로 안 바빠요.

A2 **Busy as usual.** ▶ 늘상 바쁘죠.

A3 **Yes. I've been tied up at work recently.**
▶ 네. 최근에 회사 일에 매여 지내요.

A4 **I am, but I like being busy because I feel energetic.**
▶ 네. 그래도 생기가 느껴져서 바쁜 게 좋아요.

A5 **You said it.**
I'm too busy to go out with my boyfriend.
▶ 정말 그래요. 너무 바빠서 남자 친구랑 데이트도 못할 정도예요.

↳ ▶ **I'm sorry to hear that.** ▶ 그 얘기 들으니 맘이 안 좋네요.

Words & Expressions

as usual 늘 그렇듯이 | tied up 매인 | recently 최근에 | energetic 활기찬 | You said it 정말 그렇다
go out with ~와 데이트하다 | boyfriend 남자 친구

Q52 How often do you clean your house?
집 청소는 얼마 만에 하세요?

A1 **Every day.** ▶ 매일 하죠.

A2 **I clean my room only on weekends.** ▶ 주말에만 내 방을 청소해요.

A3 **It's embarrassing to say it, but I don't clean my house.** ▶ 말하기 부끄럽지만 난 청소 안 해요.

A4 **Not so often. About every two or three days.**
▶ 그렇게 자주는 아니에요. 이틀이나 사흘에 한 번 정도요.

A5 **I'm quite obsessed with cleanness.**
I'm cleaning all the time.
▶ 결벽증 같은 게 있어요. 늘 청소해요.

What? How can you live that way?
▶ 뭐라고요? 어떻게 그러고 살아요?

Words & Expressions

often 자주 | clean 깨끗이 하다 | every day 매일 | weekend 주말 | embarrassing 당황스러운
every two days 격일로 | obsessed 집착하는 | cleanness 청결 | all the time 언제나 | that way 그렇게

Do you divide house chores with your wife?
부인과 가사는 분담하시나요?

A1 **Yes, pretty much.** ▸ 그럼요, 꽤 많이요.

A2 **Yeah, I help my wife a lot.** ▸ 그렇죠, 아내를 많이 도와줘요.

A3 **I try, but it's my wife who does most of them.**
▸ 노력은 하는데 대부분은 아내가 하죠.

A4 **I do. I'm in charge of cleaning the bathrooms and taking out the trash.**
▸ 네. 나는 화장실 청소랑 쓰레기 내놓는 담당이지요.

A5 **Aren't wives supposed to do the housework when they don't work?** ▸ 일을 안 한다면 부인들이 집안일을 해야 하지 않나요?

⮑ **Wow, that's a very conservative way of thinking.**
▸ 이런, 정말 보수적인 사고방식이군요.

Words & Expressions

divide 나누다, 분리하다 | chores 자질구레한 일 | pretty 상당히 | most 대부분 | in charge of ~담당인
bathroom 화장실 | take out 내놓다 | trash 쓰레기 | be supposed to ~하기로 되어 있다
housework 집안일 | conservative 보수적인 | way of thinking 생각, 사고방식

Q54 Do you drive?
운전은 하나요?

A1 **Yes, I do.** ▶ 네, 하죠.

A2 **No, I'm afraid of driving.** ▶ 아뇨, 운전하는 게 무서워요.

A3 **Yes. I drive wherever I go.** ▶ 네, 어딜 가든 차를 가져가요.

A4 **I have a driving license, but I don't drive.**
▶ 장롱면허예요.

↳ **I can teach you.** ▶ 내가 가르쳐 줄 수 있어요.

A5 **Of course. It has been over ten years since I first drove.** ▶ 물론이죠, 벌써 운전한 지 십 년이 넘었어요.

Words & Expressions
drive 운전하다 | afraid of ~가 무서운 | wherever 어디든 | license 면허 | since ~한 이래로

Q55 Have you ever had a car accident?
교통사고 난 적이 있어요?

A1 **Fortunately, never.** ▶ 다행히도 없어요.

A2 **Yes, when I was a child.** ▶ 네. 어렸을 때요.

A3 **No, I haven't. Have you?** ▶ 아뇨. 없어요. 당신은요?

↳ **I've had several serious and non-serious accidents.**
▶ 저는 크고 작은 사고가 몇 번 있었죠.

A4 **No. I drive really carefully not to have any accident.**
▶ 아뇨. 사고 안 내려고 정말 조심해서 운전해요.

A5 **Yes, I have. It was a big accident.**
I was in the hospital for a long time.
▶ 네. 큰 사고가 있었죠. 병원에 오랫동안 입원해 있었어요.

Words & Expressions

accident 사고 | fortunately 다행히도 | serious 심각한 | carefully 조심해서 | be in the hospital 입원하다
for a long time 오랫동안

Q56 What is the worst thing you've ever done?
지금껏 살면서 했던 가장 나쁜 짓이 뭐예요?

A1 **Hitting my baby brother?** ▶ 남동생 때렸던 거?

A2 **Sorry, but I can't just tell you.**
▶ 미안하지만, 그건 말해 줄 수가 없는데요.

A3 **Well.. I've done so many bad things.**
▶ 글쎄요… 너무 나쁜 짓을 많이 해서요.

A4 **I stole money from my mom's wallet when I was a kid.**
▶ 어렸을 때 엄마 지갑에서 돈을 훔친 적이 있었어요.

↳ **I've done that, too.** ▶ 나도 그런 적 있어요.

A5 **Once, I cheated on my ex-girlfriend.**
It was before I got married.
▶ 옛날 여자 친구 사귈 때 바람피운 적이 있었어요. 결혼하기 전이었죠.

Words & Expressions

worst 제일 나쁜 | hit 치다, 때리다 | steal 훔치다 | money 돈 | wallet 지갑 | kid 아이
cheat on ~를 속이다 | ex- 전~ | get married 결혼하다

Q57 What annoys you the most?
제일 짜증나는 일이 뭐예요?

A1 **Nosy people.** ▶ 간섭하는 사람들요.

A2 **Brushing my teeth.** ▶ 이 닦는 거요.

A3 **Unmannered people.** ▶ 무례한 사람들요.

A4 **The constant nagging of my mom.**
▶ 엄마의 끝없는 잔소리요.

A5 **Phone calls offering insurance or loans.**
▶ 보험이나 대출 상품 권하는 전화요.

↳ **And, needless to say, spam messages, too.**
▶ 당연히 스팸 문자도요.

Words & Expressions

annoy 기분 상하게 하다 | the most 가장 | nosy 참견하는 | brush 솔질하다, 닦다 | teeth 치아
unmannered 예의 없는 | constant 지속되는 | nag 잔소리하다 | phone call 전화 통화
offer 제안하다, 권하다 | insurance 보험 | loan 대출 | needless to say 당연히 | spam message 스팸 문자

Q58 Do you have any particular habits?
특별한 습관 같은 거 있어요?

A1 I shake my legs. ▶ 다리를 떨어요.

A2 I crack knuckles. ▶ 손가락을 꺾어요.

A3 I can't sleep without the TV on.
▶ TV를 켜 놓지 않으면 잠을 못 자요.

A4 I have to read anything in the bathroom.
▶ 화장실에서는 뭐라도 읽어야 돼요.

A5 I used to bite nails. It was really hard to break.
▶ 손톱을 물어 뜯었었죠. 고치기 정말 힘들었어요.

↳ You're right. Bad habits are not easy to solve.
▶ 맞아요. 나쁜 버릇은 고치는 게 쉽지 않죠.

Words & Expressions

particular 특별한, 특이한 | habit 버릇, 습관 | shake 흔들다 | crack 뚝뚝 부러뜨리다 | knuckle 손가락 관절
bathroom 화장실 | bite 물다 | nail 손톱, 발톱 | break/solve habits 습관을 고치다

Q59 Do you snore?
코 골아요?

A1 **Not as far as I know.** ▶ 그런 것 같진 않은데요.

A2 **Only when I'm really tired.** ▶ 정말 피곤할 때만요.

A3 **Yes. And that's why I'm always tired.**
▶ 네. 그래서 늘 피곤해요.

A4 **I guess so. Sometimes I can hear my snoring.**
▶ 그런 것 같아요. 가끔 내가 코 고는 소리가 들려요.

↳ **How can you hear your own snoring?**
▶ 어떻게 자기가 코 고는 소리를 들을 수 있어요?

A5 **Yes, heavily. My wife says she can't sleep because of my snoring.**
▶ 네, 심해요. 집사람이 그러는데 내가 코를 골아서 잠을 못 잔대요.

Words & Expressions
snore 코를 골다 | as far as I know 내가 아는 바로는 | tired 피곤한 | own 자기 자신의 | heavily 심하게
because of ~ 때문에

Q60 Are you an early bird?
아침에는 일찍 일어나요?

A1 **No, I'm a sleepyhead.** ▶ 아니요. 저는 잠꾸러기라서요.

A2 **I get up at six. Is it early for you?**
▶ 여섯 시에 일어나요. 당신한테는 이른 시간인가요?

A3 **I am. I wake up early and go jogging.**
▶ 네. 일찍 일어나서 조깅하러 가요.

A4 **No, I struggle with getting up early in the morning.**
▶ 아니요. 전 아침에 일찍 못 일어나요.

A5 **No, I'm rather a night owl.**
I get up in the afternoon on weekends.
▶ 아니요. 저는 늦게 자는 편이라서요. 주말엔 오후에 일어나요.

➥ I also stay up late from time to time.
▶ 저도 가끔씩 늦게까지 안 자요.

Words & Expressions

early bird 일찍 일어나는 사람 ｜ sleepyhead 잠꾸러기 ｜ get/wake up (잠에서) 깨다 ｜ jog 조깅하다
struggle 애쓰다, 고군분투하다 ｜ rather 비교적, 다소 ｜ owl 올빼미 ｜ night owl 늦게 자는 사람
stay up late 늦게까지 안 자고 깨어 있다 ｜ from time to time 가끔씩

쇼핑

Q61 Where did you get those sneakers?

그 운동화 어디서 샀어요?

A1 **At a department store.** ▶ 백화점에서요.

A2 **On the Internet.** ▶ 인터넷으로요.

A3 **I got these from a shopping channel.** ▶ TV 홈쇼핑으로 샀어요.

↳ **Once, I was a home shopping maniac.**
▶ 한때 나도 홈쇼핑광이었죠.

A4 **I bought these online from overseas.**
▶ 해외 직구로 산 거예요.

A5 **Do you like these? These are a Nike limited edition.**
▶ 괜찮아요? 이거 나이키 한정판이에요.

Words & Expressions

sneakers 운동화 | department store 백화점 | the Internet 인터넷 | shopping channel TV 홈쇼핑
once 한 번 | maniac –광 | online 온라인으로, 인터넷으로 | overseas 해외, 해외로 | limited 제한된, 한정된
edition (출간 등) 판

Q62 How much did they cost?
그거 얼마였어요?

A1 **Fifty thousand won.** ▶ 오만 원이요.

A2 **These cost thirty-five thousand won.**
▶ 이거 삼만 오천 원이었어요.

A3 **I bought these for next to nothing.**
▶ 나 이거 거의 공짜로 샀어요.

A4 **Don't ask. I paid a lot for these.**
▶ 묻지 말아요. 이거 돈 좀 꽤 줬어요.

A5 **These were on sale for a hundred thousand won.**
▶ 이거 세일해서 십만 원이었어요.

↳ **For those? You paid way too much.**
▶ 그걸요? 너무 비싸게 샀네요.

Words & Expressions

cost 돈이 들다 | next to nothing 거의 아무것도 아닌 | pay 지불하다 | on sale 할인 중인 | way 너무

Q63 That's a good price.
싸게 잘 샀네요.

A1 **I know!** ▶ 그러니까요!

A2 **Unbelievable, isn't it?** ▶ 믿기 어렵죠?

A3 **But I got what I paid for, I suppose.**
▶ 하지만 싼 게 비지떡인가 봐요.

A4 **Yeah, these were 30 percent off the list price.**
▶ 네, 이거 정가에서 30퍼센트 할인된 거예요.

A5 **But I feel uncomfortable because it was an impulse buy.**
▶ 하지만 충동구매로 산 거라서 기분이 찝찝해요.

↳ **Once you buy something, just forget its price.**
▶ 일단 샀으면 가격은 잊어버려요.

Words & Expressions

price 가격 | unbelievable 믿을 수 없는 | pay 물건값을 치르다 | suppose 생각하다, 가정하다 | off 할인되는
list price 정가 | uncomfortable 불편한 | impulse 충동 | once 일단 | forget 잊다

Q64 Do you spend much money on clothes?
옷 사는 데 돈 좀 쓰나요?

A1 **Not that much.** ▶ 그리 많이는 아니에요.

A2 **As much as others do.** ▶ 다른 사람들 쓰는 만큼요.

A3 **No, I spend money on food instead.**
▶ 아뇨, 오히려 먹는 거에 돈을 쓰죠.

A4 **Some, but I buy clothes only at outlet malls.**
▶ 좀 그렇긴 하지만 저는 아웃렛에서만 옷을 사요.

A5 **Yeah. It's hard for me to stand it when I see pretty clothes.** ▶ 네, 예쁜 옷만 보면 참기가 어려워요.

↳ **If there is something you really want to do, just do it.**
▶ 하고 싶은 게 있으면 그냥 해요.

Words & Expressions

spend on ~에 돈을 쓰다 | clothes 옷 | as much as ~만큼 많이 | instead 대신에
outlet mall 아웃렛, 할인점 | stand it 참다

Q65 Where do you buy groceries?
장은 어디서 보세요?

A1 **At local markets.** ▶ 동네 시장에서요.

A2 **I usually go to major supermarkets.** ▶ 저는 주로 마트에 가요.

A3 **I go to an organic food market nearby our house.**
▶ 우리 집 근처에 있는 유기농 가게로 가요.

A4 **I enjoy going to traditional markets for grocery shopping.** ▶ 저는 전통 시장에 가서 장 보는 걸 즐겨요.

↳ **Yeah, it's fun to look around a traditional market.**
▶ 맞아요. 전통 시장 둘러보는 건 재미있어요.

A5 **At a small grocery store in my neighborhood.**
I live alone, so I don't need to buy a lot of groceries.
▶ 집 근처에 있는 작은 식료품점에서요.
저는 혼자 사니까 장을 많이 볼 필요가 없어요.

Words & Expressions

grocery 식료품 | local 지방의, 동네의 | market 시장 | major 주된, 중요한 | supermarket 마트, 슈퍼마켓
organic 유기농의 | nearby 근처에 | traditional 전통의 | look around 둘러보다 | neighborhood 이웃, 근처

Q66 Do you enjoy shopping?
쇼핑을 즐기나요?

A1 **Of course I do.** ▶ 물론 좋아하죠.

A2 **Yes, I like buying things.** ▶ 네, 물건 사는 거 좋아해요.

A3 **Yeah. I think I'm a shopaholic.**
▶ 네. 전 아무래도 쇼핑 중독인 것 같아요.

A4 **Is there anybody who doesn't like shopping?**
▶ 쇼핑 안 좋아하는 사람이 있나요?

↳ **Yes, there is. I don't like shopping.**
▶ 있죠. 저 쇼핑 싫어해요.

A5 **Yes. Shopping helps me blow off steam.**
▶ 네. 쇼핑을 하면 스트레스가 확 풀려요.

Words & Expressions
shopaholic 쇼핑 중독자 | steam 증기, 김 | blow off steam 스트레스를 해소시키다

Q67 **Living in Seoul is expensive.**
서울에서 살면 돈이 많이 들어요.

A1 **Right. It's too expensive.** ▶ 맞아요. 너무 비싸요.

A2 **Yeah. It's prices are too high.** ▶ 그래요. 물가가 비싸요.

A3 **I know. The cost of living in Seoul is high.**
▶ 맞아요. 서울에선 생활비가 많이 들죠.

A4 **Isn't it cheaper than living in New York, though?**
▶ 뉴욕에서 사는 것보다는 싸지 않아요. 그래도?

↳ **It's almost the same.** ▶ 거의 같아요.

A5 **Right. Though I'm tightening my belt, it's hard to
save money.**
▶ 맞아요. 허리띠를 졸라 매는데도 돈을 모으기가 힘들어요.

Words & Expressions

expensive 비싼 | price 물가 | cost of living 생활비 | cheap 싼 | almost 거의 | same 같은
tighten 단단히 매다 | save 아끼다

Q68 Do you save money?
저축은 하나요?

A1 **Yes. Regularly.** ▶ 네. 정기적으로요.

A2 **Yeah. I try not to spend too much.**
▶ 네. 절약하려고 노력해요.

A3 **Yes. I'm saving half of my income.**
▶ 네. 수입의 절반은 저축해요.

A4 **Yeah, I do. But the interest rate is too low.**
▶ 네, 해요. 그런데 이율이 너무 낮아요.

A5 **Yes, I have to. If I don't, all the money is gone.**
▶ 네, 그래야 돼요. 안 그러면 돈이 다 날아가요.

↳ **I agree with you. I don't know where my money goes.**
▶ 맞아요. 내 돈이 다 어디로 가는지 모르겠어요.

Words & Expressions

save money 저축하다 | regularly 규칙적으로 | spend (돈을) 쓰다 | half 절반 | income 수입
interest 이자 | rate 비율 | low 낮은 | agree with ~에 동의하다

Do you want to make big money?

돈 많이 벌고 싶어요?

A1 **Of course, I do.** ▶ 물론 그렇죠.

A2 **Who wouldn't?** ▶ 누군들 안 그렇겠어요?

A3 **Yeah. But I don't know how.** ▶ 네. 그런데 방법을 몰라요.

A4 **Yes. So I do stock investing, too.** ▶ 네. 그래서 주식 투자도 해요.

↳ **I've also bought stocks, but I lost too much money.**
  ▶ 나도 주식 산 적이 있었는데 돈을 너무 많이 날렸어요.

A5 **No. I'm satisfied with just what I earn.**
  ▶ 아뇨, 난 내가 버는 걸로 만족해요.

Words & Expressions

make money 돈을 벌다 | stock 주식 | invest 투자하다 | lose money 돈을 잃다
satisfied with ~에 만족하는 | earn 벌다, 얻다

Q70 I believe money is not everything.
돈이 전부는 아닌 것같아요.

A1 **Still it's something.** ▶ 하지만 여전히 중요한 거죠.

↳ **Yeah, but it's sad if you live for money.**
▶ 그래요. 하지만 돈 때문에 산다면 슬픈 거죠.

A2 **I couldn't agree with you more.** ▶ 전적으로 동의해요.

A3 **The more you get, the more you want, though.**
▶ 하지만 가지면 가질수록 더 원하게 되죠.

A4 **It's not everything, but do you think you could live without money?**
▶ 전부는 아니지만 돈 없이 살 수 있을 것 같아요?

A5 **Good thinking.**
Things like happiness and love are much more precious.
▶ 좋은 생각이에요. 행복이나 사랑 같은 게 훨씬 소중하지요.

Words & Expressions
still 하지만 | something 중요한 것 | live for ~ 때문에 살다 | the 비교급, the 비교급 ~할수록 더 ~하다
thinking 생각 | happiness 행복 | precious 소중한

Q71 You look hungry.
배고파 보여요.

A1 Yes. I'm starving. ▶ 네. 정말 배고파요.

A2 Yeah. I'm so hungry I could die. ▶ 네. 배고파 죽을 것 같아요.

↳ Please don't die. Let's go eat something delicious.
▶ 죽지 말아요, 제발. 맛있는 거 먹으러 가요.

A3 No, I have no appetite today. ▶ 아니요, 오늘은 입맛이 없네요.

A4 Listen. Can you hear my stomach growling?
▶ 들어 봐요. 내 배 꼬르륵거리는 거 들려요?

A5 Yeah. I've had nothing but a sandwich all day.
▶ 네. 오늘 하루 종일 샌드위치 하나밖에 못 먹었어요.

Words & Expressions

starve 굶다, 굶기다 | die 죽다 | delicious 맛있는 | appetite 입맛, 식욕 | stomach 위, 배
growl 그르렁거리다 | nothing but 단지 ~만 | all day 하루 종일

Q72 What would you like to eat?
뭐 먹고 싶어요?

A1 **You choose.** ▶ 당신이 골라요.

A2 **How about Chinese food?** ▶ 중국 음식 어때요?

A3 **I feel like something spicy.** ▶ 매운 게 당기는데요.

A4 **Anything. I'm not a picky eater.**
▶ 아무거나요. 먹는 것에 까다롭지 않아요.

A5 **Why don't you recommend something good?**
▶ 뭐 맛있는 거 추천 좀 해보실래요?

Let me search for some restaurants on my phone, first.
▶ 폰으로 맛집 검색 좀 먼저 해볼게요.

Words & Expressions

choose 고르다 | How about ~는 어때? | feel like ~가 먹고 싶다 | spicy 매운, 향이 강한 | picky 까다로운
recommend 추천하다 | search 찾다, 검색하다

Q73 Is this restaurant popular?
이 맛집은 유명한가요?

A1 **Yes, very much.** ▶ 네. 아주 유명해요.

A2 **Yeah. The atmosphere is good, too.** ▶ 네. 분위기도 좋아요.

A3 **Yes. The seafood pasta is good here.**
▶ 네. 여기는 해산물 파스타가 맛있어요.

↳ **Oh, I can't wait to try that.** ▶ 아, 그거 어서 먹어 보고 싶어요.

A4 **Yeah. You have to wait in line here.**
▶ 그럼요. 여긴 줄 서서 기다려야 해요.

A5 **Yes. I never come here at lunch time.**
It's really crowded.
▶ 네. 전 여기 점심 때는 안 와요. 너무 붐벼서.

Words & Expressions

popular 인기 있는 | atmosphere 분위기, 공기 | seafood 해산물 | pasta 파스타 | try 한 번 시도해 보다
in line 줄을 선 | lunch time 점심시간 | crowded 붐비는, 복잡한

Q74 How does yours taste?
당신 거는 맛이 어때요?

A1 This is good. ▶ 맛있네요.

A2 It's yummy. Have a bite. ▶ 맛있어요. 한입 먹어 봐요.

A3 It's sweet and sour. I like flavors like this.
▶ 새콤달콤해요. 난 이런 맛 좋아해요.

A4 I didn't notice it at first, but it's getting hot.
▶ 처음에는 몰랐는데 점점 매워지네요.

A5 The meat is so tender that it just melts in my mouth.
▶ 고기가 정말 부드러워서 입안에서 그냥 녹아요.

↳ You're exaggerating. ▶ 과장이 심하네요.

Words & Expressions

taste ~한 맛이 나다 | yummy 맛있는 | bite 한입, 물다 | sour 신맛이 나는 | flavor 풍미, 맛
notice 알아차리다 | at first 처음에는 | hot 매운 | meat 고기 | tender 부드러운 | melt 녹다
exaggerate 과장하다

Q75 What kind of food do you like?
어떤 음식 좋아해요?

A1 I like spicy food. ▸ 전 매운 음식 좋아해요.

A2 I crave fried food. ▸ 튀김이라면 사족을 못 써요.

A3 I like all the flour-based foods.
▸ 전 밀가루 음식은 다 좋아해요.

A4 I know it's bad for my health, but I can't stop eating
junk food. ▸ 건강에 안 좋은 건 아는데 정크푸드를 끊을 수가 없어요.

A5 I like sugary kinds.
I can't skip sweet desserts after meals.
▸ 설탕 든 종류를 좋아해요. 전 식후엔 꼭 단것을 먹어야 해요.

↳ Didn't you say you have to go on a diet?
▸ 다이어트 해야 된다고 안 그랬어요?

Words & Expressions

spicy 매운, 양념이 강한 | crave 갈망하다 | fry 볶다, 튀기다 | flour 밀가루 | based 기본이 되는
health 건강 | junk food 정크푸드, 패스트푸드 | sugary 설탕이 든 | skip 건너뛰다, 거르다 | dessert 디저트
meal 식사 | go on a diet 다이어트를 하다

Q76 How do you like Korean food?
한식은 어때요?

A1 **I love Korean food.** ▶ 한식 정말 좋아해요.

A2 **It's a little salty, but I like it.** ▶ 조금 짜긴 한데 좋아해요.

↳ **It might taste a little spicy to foreigners.**
▶ 외국인들한테는 양념이 좀 강할 거예요.

A3 **I like it a lot. I eat Korean food every day.**
▶ 정말 좋아하죠. 난 한식을 매일 먹어요.

A4 **Frankly speaking, doen-jang doesn't suit my taste.**
▶ 솔직히 말하면 된장은 내 입맛엔 안 맞아요.

A5 **Korean food uses lots of vegetables, and I like that very much about it.**
▶ 한국 음식은 채소를 많이 사용하는데, 난 그 점이 참 좋아요.

Words & Expressions

salty 짠 | foreigner 외국인 | frankly 솔직하게 | suit 맞다, 어울리다 | vegetable 채소

Q77 Are you a good cook?
요리 잘해요?

A1 **I just cook.** ▶ 요리를 그냥 할 뿐이죠.

A2 **No, I'm terrible at cooking.** ▶ 아뇨, 저 요리 정말 못해요.

A3 **All I can cook is Ra-myon.**
▶ 요리할 수 있는 건 라면밖에 없어요.

↳ **Me too.** ▶ 나도 그래요.

A4 **I believe so.** ▶ 그렇다고 믿어요.
I like cooking for myself and my family.
▶ 제가 먹는 것도 그렇고 가족들한테 요리해 주는 거 좋아해요.

A5 **Of course.**
Once you eat what I cook, you will be my fan.
▶ 물론이죠. 일단 제 요리를 먹고 나면 제 팬이 될걸요.

Words & Expressions
cook 요리사, 요리하다 | terrible 끔찍한, 정말 못하는 | myself 나 자신 | fan 팬

Q78 What kinds of foods can you make?
어떤 음식 할 수 있어요?

A1 **I can just fry eggs.** ▸ 달걀 프라이만 할 수 있어요.

A2 **I can cook almost all the simple dishes.**
▸ 웬만한 간단한 요리는 거의 다 할 수 있어요.

A3 **I cook Italian food like spaghetti or lasagna well.**
▸ 저는 스파게티나 라자냐 같은 이탈리아 음식을 잘해요.

A4 **I started to learn to make Chinese food a while ago.**
▸ 얼마 전부터 중국 요리를 배우기 시작했어요.

A5 **Steaks, salads, noodles – You name it, I can make it right away.**
▸ 스테이크, 샐러드, 국수… 말만 하면 바로 해드릴 수 있어요.

↳ **Amazing! Cook something for me some time.**
▸ 굉장한데요! 언제 한번 요리해 주세요.

Words & Expressions

fry 볶다, 튀기다 | almost 거의 | simple 간단한 | dish 요리 | Italian 이탈리아식의 | spaghetti 스파게티
lasagna 라자냐 | a while 잠시, 얼마의 시간 | steak 스테이크 | salad 샐러드 | noodle 국수, 면
right away 당장, 바로 | amazing 놀라운

Q79 Healthy eating seems to be a real issue these days.

요즘 건강식이 화두인 것 같아요.

A1 **I agree with you.** ▶ 맞아요.

A2 **Eating healthy food is important.**
▶ 건강식을 먹는 건 중요하지요.

A3 **Yeah. But I don't care much about it.**
▶ 네. 그런데 저는 별로 그런 거 신경 안 써요.

A4 **That's right. You are what you eat.**
▶ 맞아요. 우리가 먹은 음식이 바로 우리예요.

↳ **Great thinking. I've never thought about it.**
▶ 멋진 생각이에요. 전 그런 거 생각해 본 적이 없어요.

A5 **Yeah. But the interest is too much and there seem to be side-effects, too.**
▶ 네. 하지만 관심이 너무 과해서 부작용도 있는 것 같아요.

Words & Expressions

healthy 건강한 | issue 주제, 쟁점 | agree with ~에게 동의하다 | important 중요한
care about ~에 신경 쓰다 | interest 관심 | side-effect 부작용

Q80

This is on me.
이건 제가 낼 게요.

A1 **Well, if you insist.** ▶ 정 그렇다면.

A2 **No, let's go dutch.** ▶ 아니에요. 각자 내요.

A3 **You can buy next time.** ▶ 다음에 사세요.

A4 **Let's split the bill this time.** ▶ 이번에는 나눠 내요.

A5 **You got it last time, so this is my turn.**
▶ 지난번에 당신이 냈으니까 이번은 제 차례예요.

↳ **No, it was you who paid last time.**
▶ 아니에요. 지난번에 낸 사람은 당신이잖아요.

Words & Expressions

insist 우기다, 주장하다 | Dutch 네덜란드의 | go dutch 각자 계산하다 | split 나누다 | bill 계산서
last time 지난번에 | turn 차례 | pay 지불하다

Scene #9

친구, 술 즉문즉답

Q81 Do you get along well with anyone?
아무하고나 쉽게 어울리는 편이에요?

A1 **No, not really.** ▸ 아뇨, 그렇진 않아요.

A2 **Yeah, I'm sort of sociable.** ▸ 네, 제가 좀 사교적인 편이라서요.

A3 **No, I'm kind of shy with new people.**
▸ 아니요, 전 낯을 좀 가려요.

A4 **Yeah, I like meeting people and laughing and chatting.** ▸ 네, 저는 사람들 만나서 웃고 떠드는 게 좋아요.

↳ **I knew it.** ▸ 그럴 줄 알았어요.

A5 **It's hard to start to talk, but once I start, chatter just pops out.** ▸ 말을 꺼내기는 힘들지만 시작했다 하면 그냥 봇물이 터지지요.

Words & Expressions

get along 어울려 지내다 | sort of 약간, 다소 | sociable 사교적인 | shy 부끄러워하는 | laugh 크게 웃다
chat 잡담하다 | once 일단 ~하면 | chatter 수다 (떨다) | pop out 튀어 나오다

Q82 Do you have many friends?
친구는 많아요?

A1 **I have some.** ▶ 좀 있어요.

A2 **How many is "many"?** ▶ 얼마만큼이 많은 거죠?

A3 **Just as many as I need.** ▶ 딱 필요한 만큼이요.

A4 **I'm tired because I have too many friends.**
People like me. ▶ 친구가 너무 많아서 피곤해요. 사람들이 저를 좋아하거든요.

↳ **Aren't you ashamed when you say that?**
▶ 그렇게 말하면 안 부끄러워요?

A5 **I have lots of acquaintances, but just a few close**
friends. ▶ 아는 사람은 많은데 친한 친구는 몇 명 안 돼요.

Words & Expressions

as many as ~하는 만큼 많이 | ashamed 부끄러운 | acquaintance 아는 사람 | a few 조금의
close 가까운, 친한

Q83 Do you have a friend who's always there when you're in trouble?

힘들 때 언제나 달려와 주는 친구가 있나요?

A1 **I think I have one.** ▶ 하나 있는 것 같아요.

A2 **Yes. I have several really close friends.**
▶ 네. 아주 친한 친구가 몇 있어요.

A3 **Unfortunately, I don't have such a good friend.**
▶ 불행하게도 저에겐 그런 친구가 없어요.

A4 **Yeah. I have a friend who always cares about me.**
▶ 네. 언제나 절 걱정해 주는 친구가 있죠.

↳ **It's a blessing to have such a friend.**
▶ 그런 친구가 있다는 건 축복이죠.

A5 **Yes, I have a friend who's like my sister.**
We've been through so much together since we were kids.
▶ 네, 자매 같은 친구가 하나 있어요.
우린 어릴 때부터 정말 많은 일을 함께 겪어 왔죠.

Words & Expressions

trouble 어려움, 곤경 | several 몇몇의 | unfortunately 불행하게도 | care about ~을 신경 쓰다
blessing 축복 | be through 겪다 | kid 아이, 어린이

Q84 What do you talk about with your friends?
친구들과는 무슨 이야기를 해요?

A1 **Just worthless stuff.** ▶ 그냥 잡담이죠.

A2 **We always talk about diets, food and stuff.**
▶ 우린 맨날 다이어트나 음식 같은 이야기를 해요.

A3 **Well... About fun things, worries of life, everything.**
▶ 글쎄… 재미있는 일이나 이런저런 사는 걱정 모두 다요.

A4 **We always end up talking about boys or love.**
▶ 우리는 언제나 남자나 사랑 이야기로 끝나요.

↳ **It's funny. Boys only talk about girls.**
▶ 재밌네요. 남자들은 언제나 여자 이야기만 하는데.

A5 **Since one of my friends had a baby, the topic has changed to baby care.**
▶ 친구 하나가 아기를 낳은 뒤로 주제가 육아로 바뀌었어요.

Words & Expressions

worthless 쓸데없는 | and stuff ~같은 것 | fun 재미있는 | worries 걱정거리 | end up ~하게 되다
since 때문에 | topic 주제, 화두 | baby care 육아

What do you usually do with your friends?

친구들이랑 주로 뭘 해요?

A1 **We always drink.** ▶ 늘 술이죠.

A2 **We just go eat and chat all day long.**
▶ 그냥 먹으러 가고 잡담하고 그래요.

↳ **It's the same as girls do.**
▶ 여자들 하는 거랑 똑같네요.

A3 **We just hang around doing nothing.**
▶ 아무것도 안 하고 그냥 어울려 다녀요.

A4 **We go to the studio of one of my friends and goof around.** ▶ 친구 원룸으로 가서 빈둥거리고 놀아요.

A5 **We meet regularly on weekends and play basketball.**
▶ 주말에 정기적으로 만나서 농구를 해요.

Words & Expressions

usually 보통 | drink 술 마시다 | chat 잡담(하다) | hang around 어울려 다니다 | studio 원룸
goof around 빈둥대고 놀다 | regularly 규칙적으로 | on weekends 주말에 | play basketball 농구하다

Q86 Do you often drink with your friends?
친구들이랑 술 자주 마셔요?

A1 **Not very often.** ▶ 그리 자주는 아니에요.

A2 **Sometimes we drink, sometimes we don't.**
▶ 마실 때도 있고 안 마실 때도 있죠.

A3 **Yes. Some of my friends are heavy drinkers.**
▶ 네. 친구 몇이 술고래예요.

A4 **When we meet at night, yeah, we drink a couple of beers.** ▶ 밤에 만나면. 네. 맥주 두어 잔 하지요.

↳ **There's no better way to relax.**
▶ 그것처럼 편한 게 없죠.

A5 **Of course. There is nothing better than drinking a cold beer talking with friends.**
▶ 그렇죠. 친구와 수다 떨며 마시는 차가운 맥주 한 잔처럼 좋은 게 없잖아요.

Words & Expressions

sometimes 가끔 | heavy drinker 술고래 | a couple of 한두 | beer 맥주 | relax 편히 쉬다
nothing better than ~보다 더 좋은 것은 없는

Q87 How much do you drink?
주량이 얼마예요?

A1 **A bottle of soju.** ▶ 소주 한 병이요.

A2 **I don't drink a drop.** ▶ 술은 한 방울도 못 마셔요.

A3 **I get tipsy with a glass of beer.**
▶ 맥주 한 잔 마시면 알딸딸해지죠.

A4 **I'm sober even though I drink two bottles of soju.**
▶ 소주 두 병 마셔도 멀쩡해요.

↳ **You drink a little too much.** ▶ 좀 많이 마시네요.

A5 **I can hold my drink no matter how much I drink.**
▶ 아무리 많이 마셔도 몸을 가눌 수 있어요.

Words & Expressions

bottle 병 | drop 방울 | tipsy 살짝 취한 | glass 잔 | sober (정신이) 멀쩡한 | even though 비록 ~해도
hold one's drink 술 마셔도 멀쩡한 | no matter how 아무리 ~해도

Q88 | **What's your drinking personality?**
술버릇은 어때요?

A1 I just sleep. ▶ 그냥 자요.

A2 Well... I hardly get drunk. ▶ 글쎄요… 저는 술이 잘 안 취해서요.

A3 I get loud when I'm drunk. ▶ 술 취하면 시끄러워져요.

A4 I often black out, so I can't remember what I did.
▶ 필름이 자주 끊겨요. 내가 한 일을 기억을 못하죠.

A5 I cry whenever I drink alone.
I think I need to quit drinking.
▶ 혼자 술을 마실 때면 꼭 울어요. 술을 끊어야 할까 봐요.

↳ **Don't drink alone. It makes you feel depressed.**
▶ 혼자 술 마시지 말아요. 우울해져요.

Words & Expressions

drinking personality 술 마신 성격(술버릇) | hardly 거의 ~않는 | drunk 술 취한 | loud 시끄러운
black out 의식을 잃다 | remember 기억하다 | whenever ~할 때마다 | quit 그만두다 | depressed 우울한

Can I buy you a drink?
술 한잔 살까요?

A1 **Sounds great.** ▸ 그거 좋죠.

↳ **I know a good wine bar.** ▸ 제가 좋은 와인 바를 알고 있거든요.

A2 **Yeah. I'm ready for a drink tonight.** ▸ 네, 한잔하고 싶었어요.

A3 **How did you know that I feel like a drink?**
▸ 한잔하고 싶었는데 어떻게 알았어요?

A4 **Of course. Let me take you to my favorite hangout.**
▸ 물론이죠. 제가 잘 가는 술집으로 모실게요.

A5 **If you don't mind, can I take a rain check?**
▸ 괜찮으면 다음에 하면 안 될까요?

Words & Expressions

bar 술집 | **ready for** ~가 준비된 | **take** ~를 데리고 가다 | **favorite** 제일 좋아하는 | **hangout** 아지트, 소굴
take a rain check 다음번으로 미루다

Q90 You look like you're already drunk.
벌써 취하신 것 같은데요.

A1 No! I am fine. ▶ 아녜요! 괜찮아요.

A2 I'm as sober as a judge. ▶ 저 정신 말짱해요.

A3 Yeah, I think I had too much. ▶ 그래요, 너무 많이 마셨나 봐요.

A4 I didn't drink that much but I feel sick.

▶ 그렇게 많이 안 마셨는데 속이 안 좋아요.

↳ Throw up and you'll feel fine.

▶ 토하면 괜찮아질 거예요.

A5 Yeah. I hope I won't have a hangover tomorrow morning.

▶ 네. 내일 아침에 숙취가 없어야 할 텐데.

Words & Expressions

fine 좋은, 괜찮은 | sober 술 취하지 않은, 정신이 말짱한 | judge 판사 | have 먹다, 마시다 | sick 메스꺼운
throw up 토하다 | hangover 숙취

TV, 연예인 즉문즉답

Q91 Did you see "The Good Wife" yesterday?

어제 〈굿 와이프〉 봤어요?

A1 **No, I don't watch dramas.** ▶ 아뇨, 전 드라마를 안 봐요.

A2 **No, how did it go?** ▶ 아뇨, 어떻게 됐어요?

A3 **Was it on yesterday? No way! I missed it.**
▶ 어제 했어요? 안 돼! 놓쳐 버렸네.

↳ **I think you will regret it.** ▶ 후회할 거예요.

A4 **Of course I did.**
It's my favorite drama and I'd never skip it.
▶ 물론 봤죠. 제일 좋아하는 드라마라서 절대 안 빼먹거든요.

A5 **Yup. I wonder what will happen in the next episode.**
▶ 네, 다음 회에 어떻게 될지 궁금해요.

Words & Expressions

drama 드라마 | no way 안 돼 | miss 놓치다 | regret 후회하다 | favorite 가장 좋아하는 | skip 건너뛰다
wonder 궁금하다 | happen 일어나다 | episode 사건, (방송) 회

Q92 Do you watch TV often?
TV 자주 보세요?

A1 **No, I try not to do it.** ▶ 아뇨, 안 보려고 해요.

↳ **Why not? There are lots of interesting things on TV.**
▶ 왜요? TV에 재미있는 거 많이 하는데.

A2 **Yes, around two or three hours a day.**
▶ 네, 하루에 두세 시간은요.

A3 **No, I don't have time to watch TV.**
▶ 아니요, TV 볼 시간이 없어요.

A4 **Yes, watching TV is my only way to relax.**
▶ 네, TV 보는 게 저한텐 유일한 휴식거리예요.

A5 **Yeah. I love idling my time away watching TV whenever I can.**
▶ 네, 시간이 있을 때는 TV 보며 빈둥거리는 거 정말 좋아해요.

Words & Expressions

a day 하루에 | have time 시간이 있다 | way 방법 | relax 쉬다 | idle away 빈둥거리며 시간을 보내다
whenever ~할 때마다

What kinds of TV show do you usually watch?
어떤 TV 프로그램을 주로 봐요?

A1 **I watch only news.** ▶ 저는 뉴스만 봐요.

A2 **Soap operas. I'm a girl, you know.** ▶ 드라마요. 전 여자니까요.

A3 **I like watching variety shows on weekends.**
▶ 주말에 버라이어티 쇼 보는 거 좋아해요.

A4 **I never miss the Sunday night comedy show.**
▶ 일요일 밤에 하는 코미디 프로는 절대 안 빼먹어요.

↳ **That's cool. That's my favorite one as well.**
▶ 아이 좋아라. 나도 제일 좋아하는 프로예요.

A5 **Basically, I only watch what my dad watches.**
He monopolizes the TV remote control.
▶ 말하자면 아빠가 보시는 것만 봐요. 아빠가 리모컨을 독점하고 계셔서요.

Words & Expressions

TV show 텔레비전 프로 | news 뉴스 | soap opera 드라마 | variety 다양함 | comedy 코미디
basically 말하자면, 한 마디로 | monopolize 독점하다 | remote (control) 리모컨

Q94 Do you think watching TV is bad?

TV 보는 게 나쁘다고 생각해요?

A1 **There are pros and cons.** ▶ 장단점이 있지요.

A2 **It's not good, no matter what they say.**
▶ 어쨌거나 좋진 않지요.

A3 **No. You can get lots of information on TV.**
▶ 아니요. TV에서 많은 정보를 얻을 수 있잖아요.

↳ **Yeah. You can watch Discovery channel all day long.**
▶ 네. 디스커버리 채널은 하루 종일 볼 수 있어요.

A4 **Not necessarily. It depends on which programs you watch.** ▶ 꼭 그런 건 아니고요. 어떤 프로그램을 보느냐에 달려 있죠.

A5 **If you can control yourself, there are helpful things you can get.**
▶ 스스로 조절할 수 있다면 도움이 되는 게 있다고 생각해요.

Words & Expressions

pros and cons 장단점 | no matter what 아무리 ~해도 | information 정보 | discovery 발견
necessarily 반드시, 꼭 | depend on ~에 달려 있다 | program 프로그램 | control 조절하다
helpful 도움이 되는

Q95 Are there TV stars you like?
좋아하는 탤런트가 있어요?

A1 **Not really.** ▶ 딱히 없어요.

A2 **I only like good actors or actresses.**
▶ 전 연기 잘하는 배우만 좋아해요.

A3 **Hyo-jin Lee. He is simply flawless, just perfect.**
▶ 이효진이요. 그 사람은 결점이 없어요. 완벽해요.

A4 **Yeah. I like the one who played the prosecutor on "Lawyers."** ▶ 네. <변호사들>에서 검사 역 맡았던 사람 좋아해요.

↳ **Oh, he also appears on the KBS daily drama, doesn't he?** ▶ 아, 그 사람 KBS 일일드라마에도 나오죠?

A5 **Rather than a TV star, there is a drama producer I like. The one who directed the "White Tower."**
▶ 탤런트보다는 좋아하는 드라마 피디가 있어요. <하얀 거탑> 감독한 사람이요.

Words & Expressions

TV star 탤런트 | actor 남자 배우 | actress 여자 배우 | flaw 결점 | perfect 완벽한 | play ～의 역할을 하다
prosecutor 검사 | lawyer 변호사 | appear on ～에 나오다 | daily 매일의 | rather than ～보다는
producer 피디 | direct 감독하다 | tower 탑

Q96 # Who do you like the most among popular singers?

대중 가수들 중에는 누굴 제일 좋아해요?

A1 **Jay Kim. He is my one and only.** ▶ 제이 킴이요. 유일하지요.

A2 **If I have to choose only one, it's Dragon.**
▶ 한 사람만 고르라고 한다면 드래곤이에요.

↳ **Dragon's latest single is really good.**
▶ 드래곤의 최근 싱글은 참 좋던데요.

A3 **I don't know much about singers these days.**
▶ 요즘 가수들에 대해선 잘 몰라요.

A4 **His name doesn't come to mind. Who is it that sings "Flame"?** ▶ 그 사람 이름이 잘 안 떠오르네. '불꽃' 부르는 사람이 누구죠?

A5 **I love Shi-ho. I bought all the albums he has ever released.** ▶ 저는 시호가 좋아요. 그 사람이 발표한 앨범은 다 샀죠.

Words & Expressions

the most 가장 | popular singer 대중 가수 | one and only 단 하나뿐인 | dragon 용 | latest 최근의
single 싱글 앨범 | come to mind (생각을) 떠올리다 | flame 불꽃 | album (레코드) 앨범
release 풀다, (앨범을) 내다

Q97 TV seems to be overflowing with audition shows these days.

요즘에는 오디션 프로그램이 넘쳐나는 것 같아요.

A1 Yeah, I've got tired of it. ▶ 그래요. 이제 질렸어요.

A2 I don't see that kind of shows any more.
▶ 그런 프로는 이제 안 봐요.

A3 That's right. It was really fresh at first.
▶ 맞아요. 처음에는 정말 참신했는데.

↳ Yeah, I used to wait for every Friday night.
▶ 그래요. 매주 금요일 밤을 기다리곤 했죠.

A4 The two good ones are still worth watching, though.
▶ 잘 만든 두 프로는 그래도 아직 볼 만하잖아요.

A5 They are still an efficient way of finding good unknown singers.
▶ 알려지지 않은 좋은 가수들을 찾아낸다는 점에선 아직 의미가 있죠.

Words & Expressions

overflow 넘치다 | tired of 질린, 피곤한 | any more 더 이상 | at first 처음에는 | used to ~하곤 했다
still 그래도 | worth ~할 가치가 있는 | efficient 효율적인 | unknown 알려지지 않은

Q98 Did you hear the news?
그 뉴스 들었어요?

A1 **No, what was it about?** ▸ 아니요. 무슨 일인데요?

A2 **How could I not?** ▸ 어떻게 안 들을 수 있겠어요?

A3 **Of course, all the entertainment media is covering the story.** ▸ 네, 모든 연예 뉴스가 그 기사를 다루잖아요.

↳ **Yeah, it's too harsh on her.** ▸ 너무 심한 것 같아요.

A4 **Oh, I can't believe the actress actually spit out such words.** ▸ 어유, 그 여배우가 진짜 그런 말을 내뱉었다는 게 믿기지가 않아요.

A5 **Life is so strange, isn't it?**
All the things he had piled up fell in an instant.
▸ 인생은 정말 희한해요, 그죠?
그 사람이 쌓아 왔던 모든 일들이 순식간에 무너져 내렸어요.

Words & Expressions

entertainment 유흥, 오락 | cover (기사를) 다루다 | harsh 엄한, 가혹한 | pile 쌓다 | fall 무너지다
in an instant 한순간

Q99 Rumors seem to spread instantly these days.

요즘은 루머가 순식간에 퍼지는 것 같아요.

A1 **Surprisingly fast.** ▸ 놀라울 정도로 빠르죠.

A2 **It's a terrifying world, isn't it?**
▸ 무서운 세상이에요, 그렇죠?

↳ **Yeah, it seems people are losing their good manners.**
▸ 그래요, 사람들이 예의를 잃어 가는 것 같아요.

A3 **News reporters are responsible for it.**
▸ 뉴스 기자들 책임이에요.

A4 **I know. Famous people should behave themselves.**
▸ 알아요. 유명한 사람들은 행동거지를 조심해야 돼요.

A5 **Yes. I'd say it's the Internet which has made people big mouths.**
▸ 그래요. 인터넷이 사람들을 수다쟁이로 만든 것 같아요.

Words & Expressions

rumor 소문 | spread 퍼지다 | instantly 순식간에 | surprisingly 놀라울 정도로 | terrifying 무서운
good manners 예의 | reporter 기자 | responsible 책임 있는 | behave oneself 똑바로 행동하다
big mouth 수다쟁이

Q100 Would it be good to be a celebrity?
연예인이 되면 좋을까요?

A1 **No, not at all.** ▶ 아니요, 전혀요.

A2 **There would be good things and bad things.**
▶ 좋은 점도 있고 나쁜 점도 있겠지요.

A3 **Only if you earned great fame and a lot of money.**
▶ 엄청난 명성과 돈을 얻을 때만요.

A4 **It could be bad, but I guess one has to put up with it.**
▶ 나쁜 일도 있겠지만 감수해야 한다고 생각해요.

↳ **Just because they are celebrities?**
▶ 단지 그들이 연예인이라는 것 때문에요?

A5 **No. It freaks me out just thinking people would watch my every move.**
▶ 아뇨, 사람들이 일거수일투족을 지켜본다는 생각만 해도 소름 끼쳐요.

Words & Expressions

celebrity 연예인, 유명 인사 | not at all 전혀 아니다 | only if ~이기만 하면 | earn 얻다 | fame 명예, 명성
put up with 감수하다 | freak - out ~를 소름 끼치게 하다

연애, 결혼 즉문즉답

Q101 Are you nice to every woman?
여자들한테 잘해 주나요?

A1 **No, I'm not.** ▶ 아뇨. 안 그래요.

A2 **Not to every woman.** ▶ 모든 여자들한테 그러진 않아요.

A3 **Yeah, I try to be. Should I not do that?**
▶ 네, 그러려고 하죠. 그러면 안 되나요?

↳ **Of course. You have a wife.** ▶ 물론이죠. 부인이 있잖아요.

A4 **Why? Do you think I'm flirting with you?**
▶ 왜요? 당신한테 집적거리는 것 같아요?

A5 **Is this being too nice?**
You might have met only rude guys.
▶ 이게 많이 친절한 건가? 무례한 남자들만 만나 봤나 보네요.

Words & Expressions

flirt with ~와 시시덕거리다 | might have p.p. ~했었나 보다 | rude 무례한

Q102 How many relationships have you had?
연애 얼마나 해보셨어요?

A1 **Not many.** ▶ 많지 않아요.

A2 **I've had only two close relationships.**
▶ 깊은 연애는 딱 두 번이었어요.

A3 **Quite a few. I was really popular with the girls.**
▶ 꽤 많았죠. 여자들한테 인기가 아주 많았거든요.

A4 **Just once. I was a nerd in my school days.**
▶ 딱 한 번이요. 학교 다닐 때 저는 얼간이였어요.

A5 **How many is suitable?**
Is it bad if I had a lot of relationships?
▶ 몇 번이 적당한데요? 연애 경험이 많으면 안 되나요?

↳ **No, I'm not judging you. I just asked you.**
▶ 아뇨, 평가하려는 게 아니고 그냥 물어본 거예요.

Words & Expressions

relationship (연인) 관계 | quite a few 상당히 많은 | popular 인기 있는 | nerd 얼간이, 바보
suitable 적당한 | judge 판단하다

Q103 When was your first love?
첫사랑은 언제였어요?

A1 **My wife was the one.** ▶ 제 아내가 첫사랑이었어요.

A2 **I don't wanna talk about it. It was hard to get over it.**
▶ 말하고 싶지 않아요. 이겨 내기 힘들었거든요.

A3 **When I was in preschool. You might laugh at me, though.** ▶ 유치원 때요. 비웃으시겠지만.

↳ **Why would I laugh? It's such a cute love story.**
▶ 제가 왜 비웃겠어요? 정말 귀여운 러브 스토리네요.

A4 **If it does not include one-sided love, it was when I was in college.** ▶ 짝사랑을 포함시키지 않으면 대학 다닐 때였어요.

A5 **It was my high school science teacher.
I had sleepless nights because of her.**
▶ 고등학교 과학 선생님이었어요.
선생님 때문에 밤잠도 못 이뤘었죠.

Words & Expressions
first love 첫사랑 | get over 극복하다 | preschool 유치원 | laugh at ~를 비웃다 | include 포함시키다
one-sided love 짝사랑 | college 대학 | science 과학 | sleepless 잠 못 드는

Q104 What type of girl are guys into?

남자들은 어떤 여자를 좋아해요?

A1 **Girls who smell good.** ▶ 좋은 향기가 나는 여자요.

A2 **Needless to say, girls with pretty faces.**
▶ 두말할 필요 없이 얼굴 예쁜 여자죠.

A3 **Guys like girls who laugh for real.**
▶ 남자들은 진짜 잘 웃는 여자를 좋아해요.

↳ **I should never cover my mouth when laughing.**
▶ 웃을 때 입을 가리면 절대 안 되겠네요.

A4 **As for me, I'm attracted to girls who have their own charm.** ▶ 내 경우는 자기만의 매력이 있는 여자들에게 끌리는데요.

A5 **You may think guys like pretty girls, but they're into smart and intelligent women.**
▶ 남자들이 예쁜 여자를 좋아한다고 생각하겠지만 똑똑하고 지적인 여자에게 끌려요.

Words & Expressions

be into 끌리다, 관심 있다 | needless 필요 없는 | for real 실제로 | cover 가리다 | as for ~의 경우에는
attracted to ~에게 끌리는 | charm 매력 | smart 똑똑한 | intelligent 지적인

Do you have a boyfriend?
남자 친구 있어요?

A1 **Yes, I do.** ▶ 네, 있어요.

A2 **Not at present.** ▶ 지금은 없어요.

↳ **Then did you break up with him recently?**
▶ 그럼 최근에 헤어진 거예요?

A3 **Yeah. Though he's not my type, he's so nice to me.**
▶ 네. 제 타입은 아니지만 저한테 정말 잘해 줘요.

A4 **There is a guy, but it's kind of a vague relationship.**
▶ 남자가 있긴 한데 좀 애매한 사이에요.

A5 **Yeah, I've been in a relationship with my boyfriend for a year.** ▶ 네, 남친과 일 년 동안 사귀고 있는 중이에요.

Words & Expressions

boyfriend 남자 친구 | at present 현재 | break up with ~와 헤어지다 | recently 최근에
vague 모호한, 애매한 | be in a relationship 사귀고 있는 중이다

Q106 How long have you been seeing him?

그 사람 만난 지 얼마나 됐어요?

A1 **Around two years.** ▶ 2년 정도요.

A2 **It's just been a year and a half.** ▶ 딱 일 년 반 됐어요.

A3 **It's not been so long since we met.**
▶ 만난 지 그리 오래되지 않았어요.

A4 **It's been so long that I feel our relationship is waning.**
▶ 너무 오래돼서 우리 관계가 시들해지는 것 같아요.

A5 **It's been over five years, but we've gotten together and broken up repeatedly.**
▶ 5년이 넘었지만 만났다 헤어졌다를 반복했어요.

↳ **Oh, you must have gone through a lot.**
▶ 아, 여러 일이 많았겠어요.

Words & Expressions

wane 시들해지다 | **get together** 만나다 | **break up** 헤어지다 | **repeatedly** 반복적으로
go through (일을) 겪다

Q107 What's your ideal type of guy?

이상형이 어떻게 돼요?

A1 **A capable guy.** ▶ 능력 있는 남자요.

A2 **A sweet and thoughtful guy.** ▶ 다정하고 사려 깊은 남자요.

A3 **A charismatic guy is sexy to me.**
▶ 카리스마 있는 남자가 섹시하게 느껴져요.

A4 **I've been dreaming of having a romantic rich man as my boyfriend.** ▶ 낭만적인 부자 남자 친구를 꿈꿔 왔죠.

↳ **You're looking for a prince charming.**
▶ 백마 탄 왕자님을 찾는군요.

A5 **It may sound a little weird, but I like fat guys with a big belly.** ▶ 이상하게 들릴 수도 있지만, 난 배 나온 뚱뚱한 남자가 좋아요.

Words & Expressions

ideal 이상적인 | guy 남자, 사람 | capable 능력이 뛰어난 | sweet 상냥한 | thoughtful 사려 깊은
charismatic 카리스마 있는 | sexy 섹시한 | romantic 낭만적인 | look for ~을 찾다, 구하다
prince charming 백마 탄 왕자님 | weird 이상한 | belly 배

Q108 Do you have a plan to marry him?

그 사람이랑 결혼할 생각이 있어요?

A1 I'm not sure yet. ▶ 아직 잘 모르겠어요.

A2 Yeah, I'm waiting for him to propose.
▶ 네, 청혼해 주길 기다리고 있어요.

↳ My heart is pounding to hear that!
▶ 그 얘기 들으니 내 가슴이 두근거리네요!

A3 I do. But I don't know what he's thinking.
▶ 있죠. 하지만 그 사람 생각을 모르겠어요.

A4 I'm gonna get married someday, but not to him.
▶ 언젠가는 결혼하겠죠. 하지만 그 사람이랑은 아니에요.

A5 No, I've not thought about marriage yet.
I like being single.
▶ 아뇨. 아직 결혼에 대해 생각 안 해봤어요. 싱글이 좋아요.

Words & Expressions

marry ~와 결혼하다 | propose (결혼) 제안 | pounding 두근거리는 | get married 결혼하다
marriage 결혼 | single 독신

Q109 What are good things about being married?
결혼하면 뭐가 좋아요?

A1 **A lot of things.** ▶ 많은 점이요.

A2 **You don't have to say goodbye every night.**
▶ 매일 밤마다 헤어질 필요가 없잖아요.

A3 **You always have your spouse with you.**
▶ 언제나 함께할 배우자가 있다는 거죠.

↳ **I see. You always have someone to take your side.**
▶ 알겠어요. 언제나 내 편 들어줄 사람이 생기는 거죠.

A4 **You can sleep with somebody you love every night.**
▶ 매일 밤마다 사랑하는 사람이랑 잘 수 있잖아요.

A5 **The best part is that you can settle down and feel secure.** ▶ 정착하고 안정감이 생긴다는 게 제일 좋은 점이죠.

Words & Expressions

don't have to ~할 필요가 없다 | say goodbye 헤어지다 | spouse 배우자 | take one's side 편들다
settle down 정착하다 | secure 안전한, 안정된

Q110 What are negative things about marriage?
결혼해서 안 좋은 점이라면요?

A1 **I don't know yet.** ▶ 아직은 모르겠어요.

A2 **That you can't have your own time.**
▶ 자기만의 시간이 없다는 거죠.

Right. You have to be always together.
▶ 맞아요. 언제나 같이 있어야 하니까요.

A3 **There are lots of things you have to put up with.**
▶ 참아야 할 일들이 너무나 많아요.

A4 **The flaws of your spouse could seem worse.**
▶ 배우자의 단점이 더 심각해 보일 수 있죠.

A5 **It was hard for us to suit our daily habits to each other's.** ▶ 우리는 생활 습관을 서로 맞추는 게 힘들었어요.

Words & Expressions

negative 부정적인 | put up with 참다 | flaw 단점, 결점 | worse 더 나쁜 | suit to ~에게 맞추다
daily habit 생활 습관 | each other 서로

직장, 학교

Q111 Did you do well in school?
학교 생활은 잘 했어요?

A1 **Yes. I was a good student.** ▶ 그럼요. 모범생이었지요.

A2 **Yeah. Lots of teachers liked me.**
▶ 네. 많은 선생님들이 절 예뻐해 주셨죠.

A3 **No, I was shy and passive in everything.**
▶ 아뇨, 매사에 수줍어하고 수동적이었어요.

↳ **You became a totally different person!**
▶ 완전히 다른 사람이 된 거네요!

A4 **No, I was a problem child. It was hard for me to adapt to school.** ▶ 아뇨, 전 문제아였어요. 학교에 적응을 잘 못했지요.

A5 **I think so. I was kind of an all around student. Good at sports, good at studying.**
▶ 그랬던 것 같아요. 좀 팔방미인이었거든요.
운동도 잘하고 공부도 잘하고.

Words & Expressions

passive 수동적인 | totally 완전히 | different 다른 | problem child 문제아 | adapt to ~에 적응하다
all around 뭐든지 잘하는

Q112 What subjects did you like?
어떤 과목을 좋아했어요?

A1 **Science.** ▶ 과학이요.

A2 **Math was my favorite.** ▶ 수학이 제일 좋았어요.

↳ **How could math be your favorite?**
▶ 어떻게 수학을 제일 좋아할 수가 있어요?

A3 **English and Chinese. I was good at languages.**
▶ 영어와 중국어. 전 언어를 잘했거든요.

A4 **I liked social studies because the teacher was beautiful.** ▶ 선생님이 예뻐서 사회 과목을 좋아했지요.

A5 **I didn't like the subjects that made me use my brain. I loved P.E. the most.**
▶ 머리 써서 하는 과목을 싫어했죠. 체육을 제일 좋아했어요.

Words & Expressions

subject 과목 | science 과학 | math 수학 | language 언어 | social studies 사회 | brain 뇌 | P.E. 체육

Q113 Do you have any fun memories of school?
학창 시절 재밌었던 추억 있어요?

A1 **Not that many.** ▶ 그리 많지는 않아요.

A2 **I used to swim naked with my friends in the river.**
▶ 강에서 친구들이랑 발가벗고 수영하곤 했지요.

A3 **I almost burned up the classroom during a science experiment.** ▶ 과학 실험 중에 교실을 다 태워 먹을 뻔했죠.

A4 **My best memory is when my football club won the championship.**
▶ 제일 좋은 추억은 우리 미식축구 동아리가 1등상 먹었을 때예요.

A5 **I accidentally broke the window and ran away. I got scolded a lot after that.**
▶ 실수로 창문을 깨버려서 도망간 적이 있었어요. 그러고는 엄청 야단맞았죠.

⤷ **Oh, you naughty boy.** ▶ 이런, 장난꾸러기 같으니.

Words & Expressions

memory 추억, 기억 | naked 발가벗은 | burn 태우다 | classroom 교실 | experiment 실험
football 미식축구 | championship 챔피언 | accidentally 잘못해서 | break 깨다, 부수다
run away 도망가다 | get scolded 야단맞다 | naughty 짓궂은

Q114 **What was your future dream job when you were a kid?**

어릴 때 꿈이 뭐였어요?

A1 **Elementary school teacher.** ▸ 초등학교 선생님이요.

A2 **I wanted to be a TV reporter.** ▸ 방송 기자가 되고 싶었어요.

A3 **Surgeon. They looked cool when saving people's lives.** ▸ 외과 의사요. 사람들 목숨을 구할 때 멋있어 보이더라고요.

↳ **Firefighters are much cooler.** ▸ 소방관이 제일 멋있죠.

A4 **It kept changing. Scientist, tennis coach, and then pianist.** ▸ 계속 바뀌었어요. 과학자, 테니스 코치, 또 피아니스트도요.

A5 **My mom worked when I was young, and I always hated it.**
So, I just wanted to be a mom, a pretty housewife.
▸ 내가 어렸을 때 엄마가 일을 했는데 그게 늘 싫었어요.
그래서 그냥 엄마, 예쁜 주부가 되고 싶었어요.

Words & Expressions

future 미래의 | elementary school 초등학교 | reporter 기자 | surgeon 외과 의사 | cool 멋진 | save 구하다
firefighter 소방관 | tennis 테니스 | coach 감독 | pianist 피아니스트 | housewife 주부

Q115 | What was your major in college?
대학 때 전공은 뭐였어요?

A1 **My major was math education.** ▶ 제 전공은 수학 교육이었어요.

A2 **I majored in journalism.** ▶ 언론학을 전공했어요.

A3 **My major was economics and my minor was statistics.** ▶ 전공은 경제학이고 부전공은 통계학이었어요.

↳ **Wow, you're an economist.** ▶ 와, 경제 전문가네요.

A4 **Social welfare seemed to be promising, so I chose it.**
▶ 사회복지가 전망이 좋아 보여서 그걸 했죠.

A5 **I changed it from accounting to politics.**
Accounting didn't suit me.
▶ 회계학에서 정치학으로 바꿨어요. 회계는 나랑 안 맞더라고요.

Words & Expressions

major 전공 | education 교육 | major in ~을 전공하다 | journalism 언론학과 | economics 경제학
minor 부전공 | statistics 통계학 | economist 경제 전문가 | social welfare 사회복지
promising 전망이 밝은 | accounting 회계학 | politics 정치학

Q116 How did you get your current job?

지금 하는 일은 어떻게 하게 됐어요?

A1 **Because I like children.** ▸ 아이들을 좋아하니까요.

A2 **I passed the test for civil servants.** ▸ 공무원 시험에 합격했지요.

A3 **I tried to get a job related to my major.**
▸ 전공과 관련된 직업을 가지려고 했거든요.

A4 **One of my acquaintances introduced me to my boss.**
▸ 아는 분이 우리 사장님께 나를 소개해 줬어요.

↳ **Lucky you.** ▸ 운도 좋네요.

A5 **My professor's recommendation was a lot of help to work here.**
▸ 우리 교수님의 추천이 여기서 일하는 데 도움이 많이 됐어요.

Words & Expressions

current 현재의 | pass 통과하다 | civil servant 공무원 | related 관련된 | acquaintance 아는 사람
introduce 소개하다 | boss 상사, 사장 | professor 교수 | recommendation 추천

Q117 How do you like your job?
하는 일은 마음에 들어요?

A1 I like it pretty much. ▶ 꽤 마음에 들어요.

A2 I think sales suits my nature. ▶ 네, 영업이 제 천성이랑 맞아요.

A3 I'm thinking of quitting this job. ▶ 이 일을 관둘까 생각 중이에요.

↳ Why? Did something bad happen?
▶ 왜요? 나쁜 일이라도 있었어요?

A4 How many people would enjoy their jobs?
▶ 자기 일을 즐기는 사람이 몇 명이나 되겠어요?

A5 I like it a lot.
My company offers good benefits, so no one wants to leave.
▶ 정말 좋아요. 회사의 직원 복지가 좋아서 아무도 떠나려고 안 해요.

Words & Expressions
sales 영업 | nature 본질, 천성 | quit 그만두다 | offer 제공하다 | benefit 이득, 수당 | leave 떠나다

Q118 Do you have a good relationship with your colleagues?

직장 동료들과는 관계가 좋아요?

A1 **Yes, I believe it's good.** ▶ 네, 좋다고 믿어요.

A2 **Not bad, not good, just so-so.**
▶ 나쁘지도 않고 좋지도 않고 그냥 그래요.

A3 **Yes, they're so good to me that I always appreciate it.** ▶ 네, 저한테 너무 잘해 줘서 언제나 감사하죠.

A4 **That's the problem.**
My boss gives me a hard time without any reason.
▶ 그게 문제예요. 상사가 이유도 없이 절 힘들게 해서.

↳ **Don't just put up with it. You have to talk to your boss.**
▶ 그냥 참지 말아요. 상사한테 말을 해야지요.

A5 **Does it need to be good?**
It's not the reason you work for a company.
▶ 꼭 좋아야 되나요? 그게 회사 다니는 이유가 될 수 없잖아요.

Words & Expressions

relationship 관계 | colleague 동료 | so-so 그저 그런 | appreciate ~에 감사하다 | hard time 시련, 괴로움
reason 이유 | put up with 참다 | work for a company 회사를 다니다

Q119 Don't you sometimes want to quit your job?
가끔 회사 관두고 싶을 때 없어요?

A1 **Why not?** ▶ 왜 없겠어요?

A2 **No, I'm satisfied with my company.**
▶ 아니요, 전 우리 회사에 만족해요.

A3 **If I quit, how can I make a living?**
▶ 관두면 어떻게 먹고 살아요?

↳ **Think positively. There are always good ways.**
▶ 긍정적으로 생각해요. 언제나 좋은 방법은 있어요.

A4 **I'm dying to quit whenever I'm far behind in my work.**
▶ 일이 산처럼 쌓여 있을 때마다 관두고 싶어 죽겠어요.

A5 **I will quit my job after I earn enough money to travel the world.** ▶ 세계 일주할 돈을 충분히 벌고 나면 관둘 거예요.

Words & Expressions

be satisfied with ~에 만족하다 | living 생계 | positively 긍정적으로 | dying to ~하고 싶어 죽을 것 같은
behind in one's work 일이 밀리다

Q120 What do you consider when choosing a career?
직업을 고를 때 어떤 점을 고려하나요?

A1 **Career prospect.** ▶ 직업적 전망이죠.

A2 **I'll take it if pay is good.** ▶ 급여가 좋으면 하죠.

A3 **Money is not the priority, but it's still important.**
▶ 돈이 우선순위는 아니지만 그래도 중요하죠.

A4 **I consider if it's a job that I really want to do.**
▶ 그게 진짜 내가 하고 싶은 일인지를 고려해 봐요.

A5 **I think it needs to be related to what you're really good at.**
▶ 자기가 정말 잘하는 것과 관련되어 있을 필요가 있다고 생각해요.

⤷ **Right. So you need to know yourself.**
▶ 맞아요. 그래서 스스로를 잘 알아야 하죠.

Words & Expressions
consider 생각하다, 고려하다 | career 직업 | prospect 전망 | pay 급여 | priority 최우선
be related to ~와 관계있다 | good at ~을 잘하는

Q121 Are you hurt?
다쳤어요?

A1 It's just a scratch. ▶ 그냥 긁혔어요.

A2 I cut my finger on a knife. ▶ 칼에 손가락을 베였어요.

A3 Yeah. I sprained my wrist while exercising.
▶ 네, 운동하다가 손목을 삐었어요.

↳ You should have been careful. ▶ 조심하셨어야지요.

A4 I tripped over a stone on my way here.
I received a first aid.
▶ 여기 오는 길에 돌에 걸려서 넘어졌어요. 응급 치료는 받았어요.

A5 I thought I might have broken something in my body,
but I just got a bruise here.
▶ 처음에는 어디가 부러진 줄 알았는데 그냥 여기 멍만 들었어요.

Words & Expressions

hurt 다친 | scratch 긁다, 긁힘 | cut 베다 | sprain 삐게 하다 | wrist 손목 | exercise 운동하다
trip over 걸려 넘어지다 | on my way ~로 가는 길에 | first aid 응급 처치 | bruise 멍

Q122 You don't look good. Are you okay?

안색이 안 좋아 보여요. 괜찮아요?

A1 **I feel sick.** ▶ 속이 안 좋아요.

A2 **I think I caught a cold.** ▶ 감기가 걸린 것 같아요.

↳ **Let's order hot tea, then.** ▶ 그럼 뜨거운 차로 주문해요.

A3 **It's okay. My stomach is a little upset.**

▶ 괜찮아요. 좀 체한 것 같아요.

A4 **I don't know.**
I haven't been feeling very well these days.

▶ 모르겠어요. 요즘 계속 몸이 안 좋네요.

A5 **I have a splitting headache.**
I couldn't sleep a wink last night.

▶ 머리가 깨질 것 같아요. 어제 한숨도 못 잤어요.

Words & Expressions

sick 아픈, 메스꺼운 | catch a cold 감기가 걸리다 | order 주문하다 | stomach 위, 윗배 | upset 체함, 탈
splitting 쪼개질 듯한 | headache 두통 | wink 눈 깜빡임

Q123 What are your symptoms?
증상이 어떤데요?

A1 **It stings.** ▶ 따끔거려요.

A2 **I get chills.** ▶ 몸이 으슬으슬해요.

↳ **Go home right away. You need a good rest.**
▶ 집에 바로 가요. 푹 쉬어야 해요.

A3 **My nose keeps running.** ▶ 콧물이 계속 나요.

A4 **My throat is throbbing and I have a slight fever.**
▶ 목이 아프고 열이 약간 있어요.

A5 **I have no appetite and can't sleep well.**
I've had this before.
▶ 입맛도 없고 잠을 잘 못 자요. 예전에도 그런 적 있어요.

Words & Expressions

symptom 증상 | sting 따끔거리다 | chill 오한 | throb 욱신거리다, 지끈거리다 | slight 약한 | fever 열
appetite 식욕

Q124 Have you seen a doctor?
병원에는 가봤어요?

A1 It's okay. I don't need to. ▶ 괜찮아요. 그럴 것까지 없어요.

A2 Don't worry. I'll get better soon. ▶ 걱정 마세요. 곧 좋아지겠죠.

↳ Get up. Let me take you to a clinic.
▶ 일어나요. 병원에 데려다 줄게요.

A3 I will. I made an appointment this afternoon.
▶ 갈 거예요. 오늘 오후에 예약해 놨어요.

A4 Yes. The doctor said that this cold is catching.
Don't get close.
▶ 네. 의사 선생님이 이번 감기는 전염이 잘 된대요. 가까이 오지 말아요.

A5 I think I have to.
The recent project seems to have worn me out.
▶ 그래야 될 것 같아요. 최근 프로젝트 때문에 너무 지친 것 같아요.

Words & Expressions
see a doctor 병원에 가다 | clinic 병원 | appointment 예약 | cold 감기 | catching 전염되는
worn out 지치게 하다

Q125 Do you have any allergies?
알레르기가 있나요?

A1 **Yes. I can't digest milk.** ▸ 네. 전 우유를 소화 못 시켜요.

A2 **I'm allergic to hairy animals.** ▸ 난 털 있는 동물에 알레르기가 있어요.

A3 **Yeah. Peanuts are deadly to me.**
▸ 네. 땅콩은 나한텐 치명적이에요.

↳ **That's too bad. Isn't medication helpful?**
▸ 어떡해요. 약물 치료는 도움이 안 되나요?

A4 **Pork brings me out in a rash. It's really itchy.**
▸ 돼지고기 먹으면 두드러기가 나요. 정말 가렵죠.

A5 **Whenever spring comes, I can't stop sneezing because of the dust.**
▸ 봄이 올 때마다 먼지 때문에 재채기가 안 멈추죠.

Words & Expressions

allergy 알레르기 | digest 소화시키다 | allergic to ~에 알려지가 있는 | hairy 털이 있는 | peanut 땅콩
deadly 치명적인 | medication 약물 치료 | helpful 도움이 되는 | pork 돼지고기 | bring out 끌어내다
rash 두드러기 | itch 가려운 | sneeze 재채기하다 | dust 먼지

Q126 Take care of your health.
건강 조심하세요.

A1 **Thanks, I will.** ▶ 고마워요. 그럴게요.

A2 **Right. Health is everything.** ▶ 맞아요. 건강이 전부예요.

A3 **Don't worry. Usually I'm in good health.**
▶ 걱정 마세요. 전 평소에 건강한 편이예요.

A4 **I'd better give up on my diet.**
It might have been excessive.
▶ 다이어트 포기해야 될 것 같아요. 너무 무리했었나 봐요.

A5 **I'm young so health was not my concern.**
I think I'm getting old.
▶ 젊어서 건강은 신경도 안 썼는데. 늙나 봐요.

Come on. Young people sometimes get sick, too.
▶ 왜 그래요. 젊은 사람들도 가끔씩 아파요.

Words & Expressions

take care of 돌보다, 챙기다 | health 건강 | worry 걱정하다 | give up on ~을 포기하다
excessive 과도한, 심한 | concern 걱정 | get old 나이 들다

Q127 You always look energetic.
언제나 힘이 넘쳐 보여요.

A1 **Yeah, I'm healthy.** ▶ 네, 전 건강해요.

A2 **I rarely get sick.** ▶ 저는 좀처럼 안 아파요.

A3 **Yeah, I've never known sickness.**
▶ 네, 전 아픈 걸 모르고 살았어요.

A4 **I've been feeling much better since I started jogging.**
▶ 조깅을 시작한 후부터 건강이 훨씬 좋아진 느낌이에요.

↳ Is jogging good like that? ▶ 조깅이 그렇게 좋아요?

A5 **I bike to my workplace every day.**
That's the way I keep in shape.
▶ 직장까지 매일 자전거를 타고 가요. 그게 제가 건강을 유지하는 방법이죠.

Words & Expressions

energetic 힘이 넘치는 | healthy 건강한 | rarely 거의 ~않는 | sickness 병 | much better 훨씬 좋은
bike 자전거(를 타다) | workplace 직장 | keep in shape 건강을 유지하다

Q128 Do you exercise regularly?
규칙적으로 운동을 하나요?

A1 Yes. I work out at a gym. ▶ 네. 헬스장에서 운동해요.

A2 At least two or three times a week.
▶ 적어도 일주일에 두세 번은요.

A3 Yeah. I exercise around 30 minutes a day.
▶ 네. 하루에 삼십 분 정도 운동해요.

A4 Every morning, I do weight training to get in shape.
▶ 매일 아침에 몸 좀 만들려고 헬스를 해요.

↳ Take me with you some day. ▶ 언제 저도 같이 데려가 주세요.

A5 Yeah, I like exercising.
There might be no exercise I've never done before.
▶ 네, 저는 운동하는 거 좋아해요. 안 해본 운동이 없을걸요.

Words & Expressions

exercise 운동(하다) | work out 운동하다 | gym 체육관, 헬스클럽 | at least 적어도 | time 번, 횟수
weight training 근력 운동 | get in shape 몸매를 만들다

Q129 Do you smoke?
담배 피우세요?

A1 **Of course not.** ▶ 물론 아니에요.

A2 **Yes. I'm a heavy smoker.** ▶ 네. 저는 골초예요.

A3 **No, never. It's harmful for your health.**
▶ 아뇨, 전혀요. 건강에 안 좋잖아요.

A4 **Yes. It's a pity that smokers are losing their rights these days.** ▶ 네. 요즘 흡연자들이 권리를 잃어 가는 게 유감이에요.

A5 **Yes, I know it's the worst habit I have.
I think I'm already addicted to smoking.**
▶ 그래요, 저의 가장 나쁜 습관이죠. 벌써 담배에 중독됐을 거예요.

↳ **You should have never started it.** ▶ 아예 시작하지 말았어야죠.

Words & Expressions

smoke 담배 피우다 | heavy smoker 골초 | harmful 해로운 | pity 유감, 불쌍함 | right 권리
worst 가장 나쁜 | addicted to ~에 중독된

Q130 Haven't you thought of quitting smoking?
담배 끊을 생각은 안 해봤어요?

A1 **I've tried several times.** ▶ 몇 번 시도해 봤죠.

A2 **Those resolutions didn't last long.** ▶ 작심삼일이죠.

A3 **I always failed whenever I tried to quit it.**
▶ 끊으려고 할 때마다 실패했어요.

↳ **Why not try getting some help from a clinic?**
▶ 병원에서 도움을 받아 보는 건 어때요?

A4 **No. I'm thinking I will keep smoking until I get sick.**
▶ 아니요. 병들 때까지는 계속 피울 생각인데요.

A5 **Though I've tried 100 different ways to quit it, nothing has worked.**
▶ 끊으려고 백방으로 시도해 봤지만 한 번도 성공 못했어요.

Words & Expressions

quit 그만두다 | quit smoking 금연하다 | resolution 결의, 해결 | last 오래 지속되다 | fail 실패하다
different 다른 | work 성공하다

날씨, 계절

Q131 It's a beautiful day, isn't it?
오늘 날씨 정말 좋다, 그렇죠?

A1 **It's really good.** ▶ 정말 좋은데요.

A2 **Yes, it's really fine.** ▶ 네, 정말 좋은 날이네요.

↳ **Why don't we take a walk under the sun?**
▶ 햇볕 아래에서 좀 걸어 볼까요?

A3 **I wish I could go on a trip in this weather.**
▶ 이런 날씨에는 여행을 떠나고 싶어요.

A4 **It's so bright I can't help but put on sunglasses.**
▶ 너무 밝아서 선글라스를 안 쓸 수가 없네요.

A5 **I get sad in this kind of weather because I've buried myself in work.**
▶ 일에 파묻혀 지내니 이런 날씨에는 더 슬퍼져요.

Words & Expressions

fine 청명한 | Why don't we 우리 ~하는 게 어때? | take a walk 산책하다 | go on a trip 여행을 떠나다
can't help but ~안 할 수가 없다 | put on 입다, 쓰다 | sunglasses 선글라스 | bury 묻다

Q132 What's the temperature?
기온이 몇 도예요?

A1 **It's 20 degrees.** ▶ 20도예요.

A2 **I think it's 15 degrees or so.** ▶ 15도 정도 될 거예요.

A3 **It's gotten much higher. It's over 22 degrees.**
▶ 많이 올랐어요. 22도가 넘어요.

A4 **The temperature dropped sharply.**
It's two degrees below zero. ▶ 기온이 뚝 떨어졌어요. 영하 2도예요.

↳ **It was not cold like this at this time of year.**
▶ 이맘때는 이렇게 춥지 않았었는데.

A5 **It's 29 degrees Celsius.**
The temperature seems to keep rising.
▶ 섭씨 29도예요. 기온이 계속 올라가는 것 같아요.

Words & Expressions

temperature 온도, 기온 | degree 정도, (온도의) 도 | or so 정도 | drop 떨어지다 | sharply 급격하게
below zero 영하 | Celsius 섭씨 | keep 계속 ~하다 | rise 올라가다

Q133 **What comes to your mind when you hear "spring"?**

'봄' 하면 뭐가 떠올라요?

A1 **Spring flowers.** ▶ 봄꽃이요.

A2 **New-born lives.** ▶ 새 생명이요.

↳ **Right. Fresh green sprouts are even prettier than flowers.** ▶ 맞아요. 파란 새싹들은 꽃보다 훨씬 예쁘잖아요.

A3 **It reminds me of my happy childhood.**
▶ 행복했던 어린 시절이 떠올라요.

A4 **Spring makes me think of colors.**
The world gets colorful in spring.
▶ 봄은 색을 떠오르게 해요. 봄이면 세상이 색으로 물들잖아요.

A5 **A new school year.**
I always suffered from "New school year syndrome."
▶ 새 학기요. 전 언제나 '새 학기 증후군'으로 고생했죠.

Words & Expressions

come to mind 생각나다 | spring 봄 | born 태어난 | lives 생명들 (life 복수) | fresh 새로운
sprout 새싹 | remind 상기시키다 | childhood 어린 시절 | school year 학기 | suffer from (질병을) 앓다
syndrome 증후군

Q134 What's the weather like in your hometown?
당신 고향은 날씨가 어떤가요?

A1 **It is always mild.** ▸ 언제나 온화해요.

A2 **It's usually hot and humid there.** ▸ 거긴 대체로 덥고 습해요.

A3 **It's steamy in summer and freezing cold in winter.**
▸ 여름에는 푹푹 찌고 겨울에는 얼어붙을 만큼 추워요.

A4 **The four seasons are distinct, just like in Korea.**
▸ 사계절이 분명해요. 꼭 한국처럼요.

↳ **But it seems we're losing spring and autumn.**
▸ 봄이랑 가을이 없어지는 것 같은데요.

A5 **It's so unpredictable they carry umbrellas though the sun is bright.**
▸ 변덕이 심해서 해가 쨍쨍해도 우산을 갖고 다녀요.

Words & Expressions

weather 날씨 | hometown 고향 | mild 온화한 | humid 습한 | steamy 푹푹 찌는
freezing 얼어붙을 만큼 | season 계절 | distinct 뚜렷한, 구분되는 | autumn 가을
unpredictable 예측이 힘든 | carry 가지고 다니다 | umbrella 우산

Q135 How do you like the weather in Korea?
한국 날씨는 어떤 것 같아요?

A1 I like it a lot. ▶ 정말 좋죠.

A2 It's beautiful, especially in spring. ▶ 아름답죠, 특히 봄에는요.

A3 I think it's gotten much hotter than before.
▶ 예전보다 훨씬 더워진 것 같네요.

A4 It's a little cold for me.
It's still like winter even in spring.
▶ 아직 나는 추워요. 봄인데 아직 겨울 같아요.

↳ You really hate the cold. ▶ 추위를 정말 싫어하는군요.

A5 When I see cherry blossoms bloom, it reminds me of my hometown.
▶ 벚꽃이 피는 걸 보면 고향이 떠올라요.

Words & Expressions

especially 특히 | cold 추위 | cherry blossom 벚꽃 | bloom (꽃이) 피다

Q136 Which season do you like best?

어떤 계절이 제일 좋아요?

A1 **I like spring.** ▸ 봄이 좋아요.

A2 **Fall is my favorite season.** ▸ 제일 좋아하는 계절은 가을이에요.

A3 **It's absolutely summer.** ▸ 당연히 여름이죠.

A4 **I love summer because I can enjoy a long vacation.**
▸ 긴 휴가를 즐길 수 있어서 여름이 정말 좋아요.

A5 **Many people don't like winter, but I do.
I feel calm and stable in winter.**
▸ 다들 겨울이 싫다지만 난 좋아요. 겨울은 차분하고 안정감이 느껴져요.

↳ **I don't understand it. You're quite unique.**
▸ 이해가 잘 안 되네요. 꽤 독특하세요.

Words & Expressions

absolutely 당연히, 물론 | vacation 휴가 | calm 차분한 | stable 안정된

Q137 Why don't you like winter?
겨울이 왜 싫어요?

A1 **Because it's cold.** ▸ 추우니까요.

A2 **There's no reason.** ▸ 이유 없어요.

A3 **I have a bad memory about winter.**
▸ 겨울에 대한 나쁜 기억이 있어요.

A4 **When the cold wind blows, I have no energy and I feel weak.** ▸ 찬 바람이 불면 의욕도 잃고 약해지는 것 같아요.

A5 **I don't like being stuck in the house when snow piles up.** ▸ 눈이 내리면 집 안에 갇혀 지내는 게 싫어요.

↳ **You can go out and make a snowman.**
▸ 나가서 눈사람 만들면 되죠.

Words & Expressions

reason 이유 | memory 추억 | blow (바람이) 불다 | weak 약한 | stuck 끼인, 갇힌 | pile 쌓다, 쌓이다
snowman 눈사람

Q138 **Global warming is getting serious.**
지구 온난화가 심각해지고 있어요.

A1 **That's false information.** ▶ 잘못된 정보예요.

A2 **I know. I'm worried about it.** ▶ 알아요. 나도 걱정이에요.

A3 **Right. I heard the Maldives is sinking.**
▶ 맞아요. 몰디브가 가라앉는대요.

A4 **Yeah. What will happen if the whole Arctic Sea ice melts?** ▶ 맞아요. 북극해의 얼음이 다 녹으면 어떻게 되죠?

↳ **I think it would be a total disaster.**
▶ 아마 엄청난 재앙일 거예요.

A5 **So I try to reduce the amount of trash I produce as much as I can.**
▶ 그래서 저도 가능한 한 쓰레기 양을 줄이려고 노력하고 있어요.

Words & Expressions

global 세계의, 지구의 | serious 심각한, 심한 | false 잘못된 | information 정보 | be worried 걱정되다
sink 가라앉다 | happen 일어나다 | Arctic Sea 북극해 | melt 녹다 | total disaster 엄청난 재난
reduce 줄이다 | amount 양 | trash 쓰레기 | produce 생산하다

Q139 What will the weather be like tomorrow?
내일은 날씨가 어떨까요?

A1 **Let me check that out now.** ▶ 지금 알아볼게요.

A2 **I hope it will be like today.** ▶ 오늘 같았으면 좋겠어요.

A3 **The weather forecast said it will rain tomorrow.**
▶ 일기예보에서 내일 비 올 거라고 말했어요.

↳ **I hope it will not rain tomorrow.**
▶ 내일 비가 안 오면 좋겠는데.

A4 **Look at the sky. There's no chance of rain.**
▶ 하늘 좀 봐요. 비 올 가능성이 조금도 없어요.

A5 **The weather man said we'd better put on warm clothes.** ▶ 기상 캐스터가 따뜻하게 입는 게 좋다고 말했어요.

Words & Expressions

check out 확인하다 | forecast 예보 | chance 가능성 | weather man 기상 캐스터
had better ~하는 것이 낫다 | put on 입다

Q140 **You don't like rainy days?**
비 오는 날 안 좋아해요?

A1 **No, I don't.** ▶ 안 좋아해요.

A2 **No, I don't like my clothes getting wet.**
▶ 아뇨, 난 옷 젖는 거 싫어요.

A3 **Is there anyone who likes rainy days?**
▶ 비 오는 날 좋아하는 사람도 있나요?

A4 **The road gets clogged, the car slides...**
What's so good about them?
▶ 길은 막히지 차는 미끄러지지… 좋을 게 뭐 있나요?

↳ **You're so unromantic.** ▶ 낭만적인 구석이라곤 없군요.

A5 **I only enjoy rainy days when I don't have to go out.**
▶ 외출할 필요가 없을 때만 비 오는 게 좋아요.

Words & Expressions

rainy 비 오는 | wet 젖은 | clog 막다 | slide 미끄러지다 | unromantic 낭만을 모르는 | go out 외출하다

시간, 약속 즉문즉답

Q141 Hello, who is this?
여보세요, 누구세요?

A1 **This is Jason.** ▶ 제이슨입니다.

A2 **This is Jason. Is this Sumi?** ▶ 제이슨입니다. 수미 맞아요?

A3 **This is Jason. Don't you have my number?**
▶ 제이슨이에요. 내 전화번호 없어요?

↳ **Sorry. I accidentally erased your number.**
▶ 미안해요. 어쩌다 당신 번호를 지워 버려서요.

A4 **Jason. Didn't you save my number in your phone?**
▶ 제이슨요. 내 번호 당신 전화에 저장 안 해뒀어요?

A5 **Hey, Sumi. This is Jason.**
Don't you recognize my voice?
▶ 수미 씨. 제이슨이에요. 내 목소리 모르겠어요?

Words & Expressions

accidentally 잘못해서, 실수로 | erase 지우다 | recognize 알아듣다, 인지하다

Q142 What's the date today?
오늘 며칠이죠?

A1 **April 11ᵗʰ.** ▶ 4월 11일이요.

A2 **It's November 2, 2015.** ▶ 2015년 11월 2일이요.

A3 **Isn't it Wednesday the 23ʳᵈ?** ▶ 23일 수요일 아닌가요?

A4 **Yesterday was the 19ᵗʰ so it's the 20ᵗʰ today.**
▶ 어제가 19일이었으니까 오늘은 20일이네요.

↳ **Isn't it Friday the 21ˢᵗ?** ▶ 21일 금요일 아니에요?

A5 **It's the first of February, the very day we're supposed to meet.** ▶ 2월 1일, 우리가 만나기로 한 바로 그 날이지요.

Words & Expressions
date 날짜 | very 바로 그 | be supposed to ～하기로 하다, ～하는 것이 예정되어 있다

Q143 What time is it?
지금 몇 시죠?

A1 **Two-forty pm.** ▶ 오후 두 시 사십 분요.

A2 **It's ten o'clock.** ▶ 정각 열 시예요.

A3 **It's almost half past ten.** ▶ 거의 열 시 반인데요.

A4 **It's five minutes before the movie begins.**
▶ 영화 상영되기 오 분 전이에요.

⤷ **Just one minute. I'm almost there.** ▶ 1분만요. 거의 다 왔어요.

A5 **Take your smart phone off of your ear and look at the time.** ▶ 전화기를 귀에서 떼고 시간을 좀 봐요.

Words & Expressions

pm 오후 | o'clock 정각 | half 반 | past 지난 | minute 분 | one minute 잠깐만 | take off 떼다

Q144 You forgot our appointment, didn't you?
우리 약속 잊어버린 거죠, 그렇죠?

A1 I'm so sorry. ▶ 정말 미안해요.

A2 No, I didn't. I'm coming. ▶ 아니요, 가는 중이에요.

↳ **By what time can you get here?**
▶ 여기 몇 시까지 올 수 있어요?

A3 I remembered our appointment just now. Sorry.
▶ 우리 약속이 이제 생각나네요. 미안해요.

A4 I'm terribly sorry. I will rush out right now.
▶ 정말 미안해요. 지금 바로 튀어 나갈게요.

A5 No, you're confused about our appointment. It's Friday next week.
▶ 아니에요, 당신이 우리 약속 시간을 헷갈린 거예요. 다음 주 금요일이라고요.

Words & Expressions

appointment (만날) 약속 | just now 방금 | terribly 정말 | rush out (안에서) 튀어 나가다
confused 혼동된, 헷갈린

Q145 Can we make it another day?

다른 날로 바꿀 수 있을까요?

A1 **Okay. When?** ▸ 좋아요. 언제요?

A2 **You owe me.** ▸ 나한테 빚진 거예요.

A3 **How about tomorrow, then?** ▸ 그럼 내일은 어때요?

A4 **Next time we meet, drinks are on you.**
▸ 다음번에 우리가 만나면 술은 당신이 사는 거예요.

⮑ **Absolutely. I'll take you to a fancy place to make up for this.** ▸ 당연하죠. 제가 대신 근사한 곳으로 모실게요.

A5 **No problem. Let's plan this in the near future.**
▸ 그럼요. 조만간 다시 약속 잡죠.

Words & Expressions

make it 만나다, 해내다 | owe 빚지다 | absolutely 당연하게 | fancy 멋진 | make up for ~를 보상하다
plan 계획하다 | in the near future 조만간

Q146 Are you available tomorrow?
내일 괜찮으세요?

A1 **Fine with me.** ▶ 난 좋아요.

A2 **I'm afraid I'm not.** ▶ 안 될 것 같은데요.

A3 **Well... I have something scheduled in the afternoon.**
▶ 글쎄요… 오후에 스케줄이 있는데요.

A4 **Yes. I have no special plans tomorrow.**
▶ 네. 내일은 특별한 계획은 없어요.

↳ **Good. Meet me in the afternoon.**
▶ 좋아요. 내일 오후에 만나요.

A5 **No matter how busy I am, I will make time for you.**
▶ 아무리 바빠도 당신한테는 시간을 내야지요.

Words & Expressions

available 사용 가능한, 시간이 되는 | schedule 스케줄을 잡다 | no matter how 아무리 ~해도
make time 시간을 내다

Q147 When will it be over?
그 일이 언제 끝날까요?

A1 **I'm not sure.** ▶ 잘 모르겠어요.

A2 **Around five-thirty.** ▶ 5시 반쯤이요.

A3 **I think it'll take two hours or so.** ▶ 그게 두 시간가량 걸릴 거예요.

↳ **So when is it?** ▶ 그래서 그게 언젠데요?

A4 **I can't tell you exactly when it will finish.**
Let me call you. ▶ 정확히 언제 끝날지 알 수가 없어요. 전화드릴게요.

A5 **Even if the meeting finishes early, I might have to remain there.** ▶ 회의가 빨리 끝나더라도 거기 남아 있어야 할 거예요.

Words & Expressions
over 끝나는 | sure 확실한 | take (시간이) 걸리다 | tell 알다 | exactly 정확하게 | even if 비록 ~해도
remain 남아 있다

Q148 What time would be good for you?
몇 시가 좋겠어요?

A1 **Anytime after four.** ▶ 4시 이후 아무 때나요.

A2 **Let's make it at 5 p.m.** ▶ 오후 5시로 합시다.

A3 **Sorry. I'm booked up tomorrow.**
▶ 미안해요. 내일은 일정이 꽉 찼어요.

↳ **Why are you always busy?**
▶ 왜 맨날 그리 바빠요?

A4 **After 6 pm, anytime is fine with me.**
▶ 6시 이후에는 아무 때나 좋아요.

A5 **Will it be okay if we meet a little late at night?**
▶ 밤에 좀 늦게 만나도 괜찮아요?

Words & Expressions

anytime 아무 때나 | booked up 예약/스케줄이 꽉 찬 | at night 밤에

Q149 Any good places to get together?

만나기 괜찮은 데 있나요?

A1 **I'll meet you at your office.** ▸ 당신 사무실에서 만나요.

A2 **You pick the place.** ▸ 장소는 당신이 골라요.

A3 **Why don't you recommend one?** ▸ 당신이 하나 추천해 봐요.

A4 **Are there any good restaurants near your office?**
▸ 당신 사무실 근처에 어디 좋은 식당 없어요?

⤷ **I know an exotic bar in Gang-nam.**
▸ 강남에 이국적인 술집을 하나 알아요.

A5 **If it isn't inconvenient for you, please come over here.** ▸ 불편하지 않으면 이쪽으로 와주세요.

Words & Expressions

get together 만나다, 모이다 | pick 고르다 | place 장소 | recommend 추천하다 | exotic 이국적인
inconvenient 불편한 | come over ~로 가다

Q150 Don't be late tomorrow.
내일 늦지 말아요.

A1 **Yes, sir.** ▸ 넵.

A2 **I'll be there on time.** ▸ 시간에 딱 맞춰 갈게요.

A3 **I'm always punctual for appointments.**
▸ 전 약속 시간 하나는 잘 지켜요.

A4 **I'll meet you there at seven o'clock sharp.**
▸ 7시 정각에 거기서 봐요.

↳ **I was just joking. Take your time. No need to rush.**
▸ 농담이에요. 천천히 와요. 서두를 필요 없어요.

A5 **Okay. I'll leave here early so I can make it on time.**
▸ 그래요. 늦지 않게 여기서 빨리 나갈게요.

Words & Expressions

on time 정시에 | punctual (시간을) 엄수하는 | sharp 정각에 | joke 농담하다 | take time 천천히 하다
rush 서두르다 | make it 시간에 맞춰 가다

교통

Q151 Where are you going now?
이제 어디로 가요?

A1 **To Gangnam Station.** ▶ 강남역으로요.

A2 **I have an appointment at Dongdaemun.**
▶ 동대문에서 약속이 있어요.

A3 **Do you know where the government building is?**
▶ 정부 청사가 어디 있는지 알아요?

↳ **It has moved to Sejong.** ▶ 세종시로 옮겨 갔잖아요.

A4 **I need to go to Yeouido.**
I've got something to do there.
▶ 여의도로 가서 해야 할 일이 있어요.

A5 **I'm thinking of dropping by a supermarket on my way home.** ▶ 집에 가는 길에 마트 좀 들를까 해요.

Words & Expressions

station 역 | government building 정부 청사 | have got 있다, 가지다
drop by 잠깐 들르다 | supermarket 슈퍼마켓, 마트 | on one's way ~로 가는 길에

Q152 Do you know how to get there?
거기 어떻게 가는지 알아요?

A1 **Take the subway.** ▶ 지하철 타요.

A2 **You can take bus number 10.** ▶ 10번 버스를 타세요.

A3 **I can give you a ride if you want.**
▶ 원한다면 차로 데려다 줄게요.

↳ **I'd appreciate it if you would.** ▶ 그렇게 해주시면 정말 고맙죠.

A4 **I'll take you to the nearest subway station.**
▶ 제일 가까운 지하철역으로 데려다 줄게요.

A5 **You should take a bus and then change to the subway.** ▶ 버스로 가다가 지하철로 갈아타야 돼요.

Words & Expressions

get ~에 가다 | take (교통편을) 타다 | subway 지하철 | give ~ a ride (차로) 데려다 주다
would appreciate it 감사하다 | take 데리고(가지고) 가다 | change to ~로 갈아타다

Q153 The traffic is bad.
길이 막히네요.

A1 Yeah, it's rush hour. ▶ 러시아워라 그래요.

A2 Yeah. The cars are bumper to bumper.
▶ 그러네요. 차들이 꼬리를 물고 있네요.

A3 We seem to be stuck in a traffic jam.
▶ 교통 정체에 갇혀 버린 것 같아요.

A4 This road is always congested at this time of day.
▶ 이 무렵이면 이 길은 언제나 정체가 돼요.

↳ We can go another way. ▶ 다른 길로도 갈 수 있잖아요.

A5 The traffic will get better if we get through this area.
▶ 이 구간만 지나면 정체가 풀릴 거예요.

Words & Expressions
traffic 교통 (상황) | rush hour 러시아워 | bumper to bumper 차가 꼬리를 무는 | stuck 꼼짝 못하는, 갇힌
traffic jam 교통 정체 | congested 붐비는, 혼잡한 | at this time 이 무렵에 | get better 좋아지다
get through 통과하다 | area 지역

Q154 There seems to have been a car accident.
교통사고가 났나 봐요.

A1 **Where? Can you see it?** ▸ 어디서요? 보여요?

↳ **Up ahead.** ▸ 저 앞에요.

A2 **Yeah, the tow trucks are rushing in.**
▸ 네, 견인차들이 몰려드네요.

A3 **That's why the road is so congested.**
▸ 그래서 길이 이렇게 막히는군요.

A4 **No way! The truck collided with the sedan.**
▸ 저런! 트럭이 승용차를 박았어요.

A5 **Someone might have gotten hurt.**
I can hear an ambulance.
▸ 누가 다쳤나 봐요. 앰뷸런스 소리가 나요.

Words & Expressions

accident 사고 | ahead 앞쪽에 | tow truck 견인차 | rush in 몰려들다 | No way 절대 안 돼, 저런
collide 충돌하다 | sedan 승용차 | might have p.p. ~했을지도 모른다 | hurt 다친 | ambulance 응급차

Q155 Do you want me to speed up?
속도를 낼까요?

A1 **Yes, a little, please.** ▶ 네, 좀 빨리요.

A2 **I think you'd better. I'm gonna be late.**
▶ 그러는 게 좋겠어요. 늦겠어요.

A3 **No, take your time. Just go slow.**
▶ 아니요, 서두르지 말아요. 천천히 가요.

A4 **Can you do that for me? I'm sorry to bother you.**
▶ 그래 줄 수 있어요? 성가시게 해서 미안해요.

↳ **No, it's no bother at all.** ▶ 아니에요, 하나도 성가시지 않아요.

A5 **No, if you can keep up this speed, you don't really need to rush.** ▶ 아니요, 이 정도 속도로만 가면 서두를 필요는 없어요.

Words & Expressions

speed up 속도를 높이다 | had better ~하는 것이 좋겠다 | take one's time 서두르지 않다
bother 성가시게 하다, 성가신 일 | at all 전혀 (~가 아닌) | keep up 계속 유지하다

Q156 What do I have to do at the intersection?
교차로에서 어떻게 할까요?

A1 **Turn right there.** ▶ 거기서 우회전하세요.

A2 **Keep going straight.** ▶ 계속 직진해 주세요.

A3 **Make a u-turn when the red light is on.**
▶ 빨간불이 들어오면 유턴하세요.

A4 **Change to the inner lane and make a left turn at this signal.** ▶ 1차선으로 바꿔서 이번 신호에 좌회전하세요.

↳ **You should have said that earlier.** ▶ 진작 말씀 좀 하시죠.

A5 **Why are you asking me?**
You're the one who's at the wheel.
▶ 그걸 나한테 물어보면 어떡해요? 운전대 잡은 사람은 당신인데.

Words & Expressions

intersection 교차로 | turn right 우회전하다 | straight 똑바로, 일직선으로 | make a u-turn 유턴하다
inner 안쪽의 | lane (차)선 | left turn 좌회전 | signal 신호 | should have ~했어야 하다
wheel 바퀴, 핸들 | at the wheel 운전대를 잡다

Q157 Watch out for the car!
저 차 조심해요!

A1 **Oops!** ▶ 어머나!

A2 **Gosh! Is he crazy?** ▶ 이런! 미쳤나?

A3 **The bastard is driving like he's in a car race!**
▶ 저 나쁜 놈이 자동차 경주를 하네요!

A4 **Oh, it was close! I almost collided with that car.**
▶ 아, 큰일날 뻔했다! 저 차랑 박을 뻔했네요.

A5 **What are the police doing while that crazy man is driving so insanely?**
▶ 저 미친 놈이 정신없이 운전하는데 경찰은 뭐 하고 있는 거죠?

↳ **Calm down. Let him be.** ▶ 진정해요. 그러고 살라고 해요.

Words & Expressions

watch out for ~을 조심하다 | Gosh 이크, 이런 | crazy 미친 | bastard 나쁜 놈 | race 경주
close 아슬아슬한 | the police 경찰 | insanely 제정신 아니게 | calm down 진정하다

Q158 **Where are we?**
여기가 어디예요?

A1 **On our way to Yeouido.** ▶ 여의도 가는 길이죠.

A2 **I don't know. I think we're lost.** ▶ 모르겠어요. 길을 잃은 것 같아요.

A3 **I think we've gone the wrong way.** ▶ 길을 잘못 든 것 같아요.

↳ **What should I do? I'm gonna be late.**
▶ 어떻게 해요? 나 늦겠어요.

A4 **This road leads to Yeouido.**
This is the fastest way to get there.
▶ 이 길이 여의도로 연결돼요. 이게 거기 가는 제일 빠른 길이에요.

A5 **I missed the exit for Yeouido.**
I have no choice but to make a detour.
▶ 여의도로 가는 길을 놓쳤어요. 돌아가는 수밖엔 없네요.

Words & Expressions

lost 길을 잃은 | **go the wrong way** 길을 잘못 들다 | **lead to** ~로 이어지다 | **miss** 놓치다 | **exit** 출구
have no choice 선택의 여지가 없다 | **but** ~을 제외하고 | **detour** 우회

Q159 Where do you want me to pull over?
어디다 세워 주면 돼요?

A1 **In front of KBS.** ▸ KBS 앞에서요.

A2 **Anywhere around here.** ▸ 여기 아무 데나요.

A3 **Can you drop me off over there?**
▸ 저쪽에 저 좀 내려 주실래요?

↳ **Across the street from the park entrance?**
▸ 공원 입구 길 건너편 말이에요?

A4 **Go a little further. I'll get out at the next crosswalk.**
▸ 조금만 더 가주세요. 다음 번 건널목에서 내릴게요.

A5 **You can drop me off right after turning at the corner of this building.** ▸ 이 건물 끼고 돌자마자 내려 주면 돼요.

Words & Expressions

pull over (차를 길 한쪽으로) 대다 | in front of ~앞에 | anywhere 어디든 | drop off 내려 주다
across ~ 건너편에 | entrance 입구 | further 더 멀리 | get out (차에서) 내리다 | crosswalk 횡단보도

Q160 Do you want me to pick you up later?

나중에 데리러 올까요?

A1 I'd really appreciate it. ▶ 그렇게 해주시면 고맙죠.

A2 No thanks. You don't have to.

▶ 고맙지만 괜찮아요. 그러실 필요 없어요.

A3 No, I don't want to bother you again.

▶ 아니에요. 또 폐 끼치기 싫어요.

↳ I'm okay. I don't have anything special planned tonight.

▶ 난 괜찮아요. 오늘 밤에 딱히 할 것도 없어요.

A4 No, I'm grateful to you just for giving me a ride here.

▶ 여기 데려다 주신 것만으로도 정말 고마워요.

A5 Thank you for asking, but I don't want you to keep waiting for me. ▶ 물어봐 주셔서 고맙지만, 계속 저를 기다리시는 건 싫어요.

Words & Expressions

pick up (차에) 태우다 | don't have to ~할 필요 없다 | special 특별한 | grateful 고마운
keep -ing 계속 ~하다 | wait for ~를 기다리다

초대 즉문즉답

Q161

May I come in?
들어가도 돼요?

A1 **Hey, Jason. Come on in.** ▶ 제이슨, 어서 들어와요.

A2 **Yes, please. Thank you for coming.** ▶ 그럼요. 와줘서 고마워요.

A3 **Jason! I've been expecting you.**
▶ 제이슨! 기다리고 있었어요.

A4 **Of course you may. You're always welcome.**
▶ 당연히 들어와도 되죠. 당신은 언제나 환영이에요.

A5 **Jason, what a surprise!**
Why didn't you call me in advance?
▶ 깜짝 놀랐어요, 제이슨! 미리 전화하지 그랬어요?

↳ **I just dropped by to say hi to you.**
▶ 그냥 인사하려고 잠깐 들렀어요.

Words & Expressions

thank you for ~에 감사하다 | expect 기대하다, 고대하다 | surprise 놀라운 일, 놀라게 하다
in advance 미리, 앞서서 | drop by 들르다 | say hi 인사하다

Q162 Did you find the way easily?
길은 잘 찾아왔어요?

A1 **Yeah, I had no problem at all.** ▶ 네. 전혀 문제 없었어요.

A2 **Of course. It was not hard to find it.**
▶ 물론이죠. 찾는 데 어렵지 않았어요.

A3 **Who would get lost these days?**
▶ 요즘 같은 세상에 누가 길을 잃겠어요?

↳ **There are still some people without a smart phone.**
▶ 그래도 아직 스마트폰 없는 사람들도 있어요.

A4 **I almost got lost, but I managed to get here.**
▶ 거의 길을 잃을 뻔했는데 가까스로 왔네요.

A5 **I was on the wrong street, so I had a little trouble finding it.** ▶ 길을 잘못 들어서 집 찾는 데 조금 힘들기는 했어요.

Words & Expressions

have no problem 문제가 없다 | get lost 길을 잃다 | manage to 가까스로, 겨우 ~하다
on the wrong street 길을 잘못 들어선 | have trouble 힘들다

Q163 Meet my parents.
우리 부모님이세요.

A1 Hello. I am Jason. ▶ 안녕하십니까, 제이슨입니다.

A2 Glad to meet you, Mr. Park.
▶ 박 선생님, 만나 뵈서 반갑습니다.

A3 I'm Jason. Thank you for inviting me.
▶ 제이슨입니다. 초대해 주셔서 감사합니다.

A4 I've been looking forward to meeting you.
▶ 만나 뵙고 싶었습니다.

↳ Are you sure? ▶ 정말이에요?

A5 Nice meeting you, Mr. and Mrs. Park.
I'm Jason, your daughter's friend.
▶ 박 선생님, 사모님, 반갑습니다. 따님 친구 제이슨입니다.

Words & Expressions

invite 초대하다 | look forward to ~을 기대하다, 고대하다

Q164 May I look around?
좀 둘러봐도 돼요?

A1 **Yeah, follow me.** ▶ 그래요. 따라와요.

A2 **Yes. Let's go upstairs, first.** ▶ 네. 위층 먼저 올라가요.

A3 **Of course. Let me give you a tour.**
▶ 물론이죠. 구경시켜 드릴게요.

A4 **It's so small that there is nothing to look around.**
▶ 너무 작아서 둘러볼 것도 없어요.

A5 **Absolutely. Is this your first time to visit a Korean traditional house?** ▶ 당연하죠. 한국 전통 주택에 와본 건 처음인가요?

↳ **Yes. It's really cozy and lovely.**
▶ 네. 정말 안락하고 예쁘네요.

Words & Expressions

look around 둘러보다 | upstairs 위층 | give – a tour ~를 안내하다, 구경시켜 주다
absolutely 절대적으로, 당연히 | traditional 전통적인 | cozy 안락한, 아늑한 | lovely 사랑스러운

Q165 Come and have a seat here.
여기 와서 좀 앉아요.

A1 **After you.** ▸ 먼저 앉으세요.

A2 **Oh, this sofa is very comfortable.**
▸ 이 소파 정말 편하네요.

↳ **Make yourself at home.** ▸ 편히 앉으세요.

A3 **Why don't you ask your parents to join us?**
▸ 부모님들도 오시라고 하지 그래요?

A4 **It's kind of unfamiliar for me to sit on the floor.**
▸ 바닥에 앉는 게 좀 어색해요.

A5 **Please excuse me for sitting with my legs straightened.** ▸ 다리 펴고 앉는 걸 좀 이해해 주세요.

Words & Expressions

have a seat 앉다 | comfortable 편안한 | at home 편안한 | unfamiliar 익숙하지 않은 | floor 바닥
excuse 양해하다 | straighten 쭉 펴다

Q166

What would you like to drink?

차는 뭐로 할래요?

A1 **Coffee, please.** ▶ 커피 주세요.

A2 **Whatever you're having.** ▶ 당신 마시는 거 아무거나요.

↳ **Would green tea be fine, then?** ▶ 그럼 녹차 괜찮겠어요?

A3 **I'm okay. Never mind the drinks.**
▶ 난 괜찮아요. 마시는 건 신경 쓰지 말아요.

A4 **Do you have any drinks without caffeine?**
▶ 카페인 없는 음료 아무거나 있어요?

A5 **I'd rather drink a glass of cold water than a hot drink.**
▶ 뜨거운 음료보다는 찬물 한 잔만 주세요.

Words & Expressions

have 먹다 | green tea 녹차 | mind 신경 쓰다 | drinks 음료 | caffeine 카페인 | rather 차라리

Q167 Why don't you try some Korean rice cake?

떡 좀 드셔 보실래요?

A1 **It looks delicious.** ▸ 맛있어 보이네요.

A2 **Are these made of rice?** ▸ 이게 쌀로 만든 거예요?

A3 **What is this rice cake called?** ▸ 이 떡은 뭐라고 불러요?

A4 **Hmm. This is very chewy and tasty.**
▸ 흠. 이건 아주 쫄깃쫄깃하고 구수하네요.

A5 **Oh, I love rice cakes, especially the powder covering the outside.** ▸ 아, 떡 정말 좋아해요, 특히 겉을 싸고 있는 가루를요.

↳ **We call the powder "Go-mul."** ▸ 그 가루를 '고물'이라고 불러요.

Words & Expressions

try 시도해 보다 | rice cake 떡 | delicious 맛있는 | be made of ~로 만들어지다 | chewy 쫄깃쫄깃한
tasty 맛있는 | powder 가루, 분말

Q168 You're so cute in this photo.
이 사진 속에 당신 참 귀엽네요.

A1 **That was when I was six.** ▶ 그건 내가 여섯 살 때예요.

A2 **I know. I once had bright and firm skin.**
▶ 맞아요. 나도 한때는 피부 톤도 밝고 탱탱했죠.

↳ **You still have a beautiful face.** ▶ 아직도 당신 얼굴 예쁘기만 해요.

A3 **The family photo? It was taken around ten years ago.**
▶ 그 가족 사진요? 한 십 년 전에 찍은 거예요.

A4 **Oh, please don't look at it.**
I don't like myself in that photo.
▶ 아, 그거 보지 말아요. 그 사진에 나온 모습 싫어요.

A5 **I took the photo in celebration of college graduation.**
▶ 그 사진은 대학 졸업 기념으로 찍은 거예요.

Words & Expressions

cute 귀여운 | photo 사진 | bright 밝은 | firm 단단한, 탱탱한 | myself 나 자신
take a photo 사진을 찍다 | celebration 축하, 기념 | graduation 졸업

Q169 May I use the bathroom?
화장실 좀 써도 돼요?

A1 **Yeah. It's that door.** ▶ 네. 저 문이에요.

A2 **The bathroom? Come follow me.** ▶ 화장실이요? 따라오세요.

A3 **Sure. It's the end of the hall.** ▶ 그럼요. 복도 끝에 있어요.

↳ **There seems to be someone in there.**
▶ 안에 누가 있는 것 같아요.

A4 **Do you see the door decorated with the wooden panel? That's it.** ▶ 나무 팻말로 장식해 놓은 문 보여요? 그거예요.

A5 **Hold on. Let me go first and check if there's something to be cleaned.**
▶ 잠깐만요. 내가 먼저 가서 치울 거 없나 좀 살펴볼게요.

Words & Expressions

bathroom 화장실 | end 끝 | hall 복도 | decorate 장식하다 | wooden 나무로 만든
panel (나무, 유리 등으로 만든) 사각형 판 | hold on 잠깐 기다리다, 중지하다

Q170 I think I'd better go now.
이제 가봐야겠어요.

A1 **Already? Stay longer.** ▶ 벌써요? 좀 더 있다 가요.

A2 **No, stay for dinner.** ▶ 안 돼요. 저녁 먹고 가요.

↳ **I wish I could, but my wife is waiting for me.**
▶ 그러고 싶지만 집사람이 기다려요.

A3 **Wait a sec. I'll accompany you to the bus station.**
▶ 잠깐만요. 버스 정류장까지 같이 가줄게요.

A4 **Is it already past six? Time flies when I'm with you.**
▶ 벌써 6시가 넘었어요? 당신이랑 있으면 시간이 훌쩍 지나가 버려요.

A5 **If you can stay until 8, I can take you home.**
▶ 8시까지 있는다면 내가 집까지 데려다 줄게요.

Words & Expressions

stay 머무르다 ｜ sec 초 (= second) ｜ accompany ~와 동행하다 ｜ past 지난

여행

Q171 How about taking a one-day trip today?
오늘 당일치기 여행 갔다 오는 거 어때요?

A1 **Why so suddenly?** ▶ 왜 이리 갑자기요?

A2 **No, I can't go on such a short notice.**
▶ 안 돼요. 너무 갑작스러워서 못 가요.

A3 **Today? I don't have any special plans, but...**
▶ 오늘이요? 특별한 일은 없지만…

A4 **Have you noticed that I've wanted to go somewhere far away?** ▶ 내가 어디 멀리 가고 싶어 했던 거 눈치챘어요?

↳ **Then get up! Let's hit the road!** ▶ 그럼 일어나요! 출발해요!

A5 **Oh, I love this; to do just what I want to without any plans or hesitation!**
▶ 야, 이런 거 좋아요! 아무 계획이나 망설임 없이 하고 싶은 일 저지르는 거.

Words & Expressions

take a trip 여행 가다 ┃ short notice 갑작스런 통보 ┃ hit the road (어디를 가기 위해) 떠나다
hesitation 주저, 망설임

Q172 When is the earliest bus to Sokcho?
속초 가는 제일 빠른 버스가 몇 시죠?

A1 **At 11:30 am.** ▶ 오전 11시 30분요.

A2 **Let's just take my car.** ▶ 그냥 내 차로 가요.

A3 **There is one leaving in 40 minutes.**
▶ 사십 분 후에 가는 편이 있어요.

↳ **Hurry up or we're gonna miss it.** ▶ 서두르지 않으면 버스 놓칠 거예요.

A4 **Let me check that out. I've downloaded an express bus app.** ▶ 확인해 볼게요. 고속버스 앱을 다운받았었거든요.

A5 **The earliest one leaves at ten o'clock, but we'd better catch the next one.**
▶ 제일 빠른 건 열 시에 출발하는데 그 다음 거 타는 게 좋겠어요.

Words & Expressions

leave 떠나다 | in ~(시간) 후에 | hurry up 서두르다 | miss 놓치다 | check out 확인하다
download 다운받다 | express bus 고속버스 | app 앱 | catch 잡다

What type of places do you like to go on a trip?
여행지로 어떤 곳에 가는 걸 좋아해요?

A1 **I like going to the sea.** ▶ 나는 바다로 가는 걸 좋아해요.

A2 **Places where there is a lot to see.** ▶ 볼거리가 많은 곳이요.

A3 **I like visiting areas with beautiful natural landscapes.**
▶ 자연 경관이 아름다운 지역으로 가는 걸 좋아해요.

A4 **When I go abroad, I never skip going to famous markets.** ▶ 해외로 가면 저는 유명한 시장에 들르는 걸 절대 안 빼먹어요.

↳ **Yeah. I like market tours, too.** ▶ 맞아요. 나도 시장 구경 좋아해요.

A5 **Almost every weekend, I go around the whole country looking for good restaurants.**
▶ 저는 거의 매주 주말마다 맛집을 찾아서 전국을 돌아다녀요.

Words & Expressions

area 지역 | natural 자연의 | landscape 경치, 경관 | skip 거르다 | market 시장 | tour 구경, 여행

Q174 **Have you been abroad?**
해외 나가 본 적 있어요?

A1 **Sadly, no, I haven't.** ▶ 아니요. 슬프게도 없어요.

A2 **Yes, I've been to Australia.** ▶ 네. 호주에 가봤어요.

A3 **I have only been to Hong Kong and China.**
▶ 저는 홍콩이랑 중국만 가봤어요.

A4 **Yup. I've been to the States for a year to learn English.** ▶ 네. 영어 연수하러 미국에 일 년 동안 갔었어요.

↳ **Where in the States?** ▶ 미국 어디요?

A5 **Not even once.**
That's why I'm saving money to go backpacking in Europe. ▶ 한 번도 없어요. 그래서 유럽으로 배낭여행을 가려고 저축하고 있어요.

Words & Expressions

abroad 해외로 | sadly 슬프지만 | have been to ~에 가본 적이 있다 | the States 미국 | even 심지어
That's why 그래서 | save 저축하다, 아끼다 | backpacking 배낭여행

Q175 Where is the best place you've been to?
가본 곳 중에서 어디가 제일 좋았어요?

A1 **Oh, I loved Switzerland.** ▶ 아, 난 스위스가 정말 좋았어요.

A2 **Korea. That's the reason I live here.**
▶ 한국이요. 그러니까 여기서 살지요.

A3 **You really have to visit Paris. It's awesome.**
▶ 파리엔 꼭 가봐야 해요. 정말 좋아요.

↳ **Paris is one of my dream places to go.**
▶ 파리는 내가 가보고 싶은 꿈의 장소 중 하나예요.

A4 **As far as I'm concerned, New Zealand is the most memorable place.** ▶ 나한테는 뉴질랜드가 제일 기억 남는 곳이에요.

A5 **Needless to say, it's Spain.**
You can never imagine how wonderful it is if you've not been there.
▶ 두말할 필요 없이 스페인이죠. 안 가보면 얼마나 좋은지 상상을 못 할 거예요.

Words & Expressions

Switzerland 스위스 | reason 이유 | awesome 굉장한 | as far as I'm concerned 나로서는
memorable 기억에 남는 | needless to say 두말할 필요 없이 | imagine 상상하다

Q176 I wish I could travel around the world.

세계 일주를 해보고 싶어요.

A1 Take me with you. ▶ 나도 데리고 가요.

A2 Who wouldn't? ▶ 누군 안 그렇겠어요?

A3 Don't sit and dream. Just do it.
▶ 가만 앉아서 꿈만 꾸지 말아요. 일단 저질러요.

A4 Yeah. The word "travel" makes me indulge in fantasy.
▶ 그래요. '여행'이라는 말을 들으면 환상에 빠지지요.

A5 Hmm... Money will be the only matter you need to be concerned about. ▶ 음… 돈이 유일한 걱정거리겠군요.

Yeah. The only and the most important issue.
▶ 그렇죠. 유일하지만 제일 중요한 문제지요.

Words & Expressions

indulge in ~에 빠지다 | fantasy 환상 | matter 문제, 일 | be concerned about 신경 쓰이다, 걱정되다
issue 문제, 사안

Q177 Do you have any bad memories from when you were on a trip?

여행하면서 나쁜 추억 같은 건 없었어요?

A1 No, not that I can think of. ▶ 아뇨, 생각 안 나는데요.

A2 As for me, all the memories are valuable.
▶ 나한테는 모든 추억들이 소중하기만 해요.

A3 I suffered from diarrhea during the whole trip.
▶ 여행하던 내내 설사에 시달린 적이 있었어요.

A4 Well... Even bad things that had happened became good memories. ▶ 글쎄요… 나빴던 일들도 지금은 좋은 추억거리가 되었죠.

A5 I once had my money and visa stolen in the middle of nowhere. ▶ 한번은 외딴 곳에서 돈이랑 비자를 다 도둑맞은 적이 있었죠.

↳ You must have been really upset. ▶ 정말 당황했겠어요.

Words & Expressions

memory 기억, 추억 | As for me 나로 말하자면, 나로서는 | valuable 가치 있는
suffer from ~로 고생하다 | diarrhea 설사 | whole 전체의, 총 | visa 비자 | stolen 도둑맞은
in the middle of nowhere 멀리 떨어진 곳, 아무도 모르는 곳에서

Q178 What countries would you like to visit?

어떤 나라에 가보고 싶어요?

A1 **European countries, mostly.** ▶ 대체로 유럽 국가들이지요.

A2 **I've always wanted to go to Eastern Europe.**
▶ 난 언제나 동유럽에 가보고 싶었어요.

A3 **I've always wondered what it's like to live in the U.S.**
▶ 미국에서 사는 건 어떨까 늘 궁금했었어요.

⤷ **There's nothing special about living in the U.S.**
▶ 미국에서 사는 거 별거 없어요.

A4 **Places where people usually don't go, like the polar regions.** ▶ 사람들이 잘 안 가는 극지방 같은 데요.

A5 **Just the thought of it makes me happy. Let me see... Countries with beautiful scenery like Australia.**
▶ 생각만 해도 즐겁네요. 가만 보자… 호주처럼 경치가 아름다운 나라요.

Words & Expressions

European 유럽의 | country 나라 | mostly 대체로, 거의 | Eastern 동쪽의 | wonder 궁금해하다
the U.S. 미국 | polar 극지방의 | region 지역 | thought 생각 | scenery 풍경, 경치

Q179 What do you think about living in other countries?

다른 나라에서 사는 건 어떨까요?

A1 **There's not much difference.** ▶ 차이점은 별로 없어요.

A2 **It's worth trying it.** ▶ 해볼 만해요.

A3 **I think there are countries that would suit you.**
▶ 당신한테 맞는 나라가 있는 것 같아요.

↳ **Which country do you think would suit me?**
▶ 저에겐 어떤 나라가 맞을 것 같아요?

A4 **If you lived in a big city of another country, it would be the same.**
▶ 다른 나라의 대도시에서 산다면 마찬가지일 거예요.

A5 **In my case, I have no problems living away from my home country.**
▶ 내 경우는, 고국에서 멀리 떨어져 사는 데 별 문제는 없어요.

Words & Expressions

difference 차이점 | worth -ing ~하는 것이 가치 있는 | suit 맞는, 적합한 | in one's case ~의 경우에
away from ~와 떨어져서 | home country 고국

Q180 Look over there!
I can see the sea!
저기 봐요! 바다가 보여요!

A1 So can I. ▶ 나도요.

A2 Yahoo! I'm so excited! ▶ 이야! 정말 신난다!

A3 It's great to be here, isn't it? ▶ 여기 오니까 정말 좋죠?

A4 Wow. It's been so long since I haven't seen the sea.
▶ 와. 바다 본 지 정말 오래됐네요.

A5 We are actually here. Let's hurry and go eat sashimi.
▶ 진짜 우리 여기 와버렸네요. 빨리 가서 회 먹어요.

↳ Oh, it makes my mouth water. ▶ 와. 군침이 도네요.

Words & Expressions

actually 실제로 | sashimi 회 | make one's mouth water 군침이 돌게 하다

외국어, 문화

Q181 You have a good English pronunciation.
영어 발음이 참 좋아요.

A1 **Why, thank you.** ▶ 아유, 고마워요.

A2 **Well, I've been told that a lot.** ▶ 뭐, 그런 말 많이 들었어요.

A3 **Really? I haven't heard that before.**
▶ 정말이요? 그런 말은 들어 본 적이 없는데.

A4 **But my tongue gets twisted when pronouncing some complicated words.** ▶ 하지만 좀 복잡한 단어를 말하면 혀가 꼬여요.

A5 **Thanks, but there's nothing good about that.**
Good pronunciation has nothing to do with your real English ability.
▶ 고마운 말이지만 그래 봤자 좋은 것도 없어요.
발음이 좋다고 해서 진짜 영어 실력 좋은 거랑은 관계가 없죠.

Words & Expressions

pronunciation 발음 │ Why 아니(놀랐을 때 감탄사) │ be told 듣다 │ tongue 혀 │ twist 꼬다
complicated 복잡한 │ have nothing to do with ~와 관련이 있다 │ real 진짜의, 사실의 │ ability 능력

Q182 How did you learn English?
영어는 어떻게 공부했어요?

A1 **I just studied at school.** ▶ 그냥 학교에서 공부했죠.

A2 **I read English newspapers every day.**
▶ 매일 영자 신문을 읽었어요.

A3 **I just went to private English institutes.**
▶ 그냥 영어 학원 다녔어요.

A4 **I've been taking phone English lessons since college days.** ▶ 대학 다닐 때부터 전화영어를 쭉 하고 있어요.

A5 **I tried anything and everything.**
Watching American dramas was the most effective thing, I suppose.
▶ 닥치는 대로 했지요. 미국 드라마를 본 게 제일 효과를 본 것 같아요.

↳ **That must be a good way to learn natural English.**
▶ 생생한 영어를 배우기엔 정말 좋은 방법일 거예요.

Words & Expressions

mewspapers 신문 | private 사설의, 개인의 | institute 학원, 협회 | take a lesson 수업하다 | days 시절
effective 효과적인 | suppose 생각하다, 가정하다 | must be 틀림없이 ~이다 | natural 자연스러운

Q183 Can you speak any other languages?
다른 언어도 할 수 있어요?

A1 I can speak Chinese a little. ▶ 중국어 조금 할 줄 알아요.

A2 I wish I could. ▶ 그럴 수 있으면 좋겠어요.

A3 I learned Japanese in school, but I've forgotten almost all of it. ▶ 학교에서 일본어는 좀 배웠는데 거의 잊어버렸어요.

A4 I just know how to say hello in Japanese and Chinese.
▶ 일본어랑 중국어로 인사말 정도는 할 줄 알아요.

A5 I'll try to do that after I can speak English perfectly.
▶ 영어를 완벽하게 할 수 있게 되면 시도해 볼 거예요.

↳ That's nonsense. You can learn several languages at the same time. ▶ 그건 말도 안 돼요. 동시에 여러 언어도 배울 수 있는 거죠.

Words & Expressions

language 언어 | Chinese 중국의, 중국어 | a little 조금 | Japanese 일본어, 일본의 | forget 잊은
perfectly 완벽하게 | nonsense 터무니없는, 말도 안 되는 | several 몇의 | at the same time 동시에

Q184 **What's the most difficult about learning Korean?**
한국어 배울 때 제일 어려운 점이 뭐예요?

A1 **Everything is difficult.** ▶ 다 어렵죠.

A2 **It's difficult to read words like "싫다, 맑은, 없고…"**
▶ '싫다, 맑은, 없고…' 같은 말을 읽는 게 어려워요.

A3 **It's difficult because the word order is different from English.** ▶ 영어와 어순이 달라서 어려운 것 같아요.

A4 **Attaching endings like '–가/–는/–을/–를' to each word.**
▶ 단어에 '–가/–는/–을/–를' 같은 어미를 붙이는 게 어려워요.

A5 **"있어, 있지, 있잖아…"**
I don't know how you can tell the difference between them.
▶ '있어, 있지, 있잖아…' 그런 말의 차이를 어떻게 아는지 모르겠어요.

⤷ I don't know how to make you understand it, either.
▶ 어떻게 이해시켜야 할지 나도 모르겠네요.

Words & Expressions

difficult 어려운 | word order 어순 | attach A to B B에 A를 부착시키다 | each 각각의
tell the differences 차이를 알다 | not either ~도 아니다

Q185 Does Korean sound different from Japanese?
한국어는 일본어랑 다르게 들려요?

A1 **Korean sounds smoother.** ▸ 한국어가 더 부드럽게 들려요.

A2 **They sound pretty much alike.** ▸ 상당히 비슷하게 들려요.

A3 **Kyung-sang province accent sounds like Japanese.**
▸ 경상도말은 일본말처럼 들려요.

A4 **If Japanese is like German, Korean feels like French.**
▸ 일본어가 독일어처럼 들린다면 한국어는 프랑스어같이 느껴져요.

A5 **Japanese sounds more rigid and Korean sounds like you're singing.**
▸ 일본어는 더 딱딱하게 들리고 한국어는 노래하는 것처럼 들려요.

⤷ **That's interesting. I think I know what you're saying.**
▸ 재미있네요. 무슨 말인지 알 것 같아요.

Words & Expressions

sound ~하게 들리다 | smooth 부드러운 | pretty 꽤, 상당히 | alike ~같은 | province 지역, 도
accent 억양 | German 독일어 | French 프랑스어 | rigid 딱딱한

Q186 Do you think Koreans and Japanese people are different?
한국인이랑 일본인은 다른 것 같아요?

A1 **Not really.** ▶ 별로요.

A2 **I guess it's just individual differences.** ▶ 그냥 개인차인 것 같아요.

A3 **I feel Koreans are louder, more active and passionate.**
▶ 한국인은 더 시끄럽고 적극적이고 열정적인 것 같아요.

↳ **Really? I thought Koreans are rather quiet and reserved.** ▶ 정말요? 난 한국인들이 비교적 조용하고 내성적이라 생각했는데.

A4 **Japanese are very careful not to bother anyone else.**
▶ 일본인들은 다른 사람들에게 폐를 안 끼치려고 아주 조심하지요.

A5 **When I'm with a Japanese person, it's hard to figure out what he's thinking.**
They seem to be used to hiding their feelings.
▶ 일본인과 같이 있으면 무슨 생각을 하는지 알아내기 어려워요.
자기 감정을 숨기는 거에 익숙해 있는 것 같아요.

Words & Expressions

guess 생각하다 | individual 개인적인 | active 활동적인 | passionate 열정적인 | rather 비교적
reserved 내성적인 | careful 조심하는 | figure out 알다, 알아내다 | be usde to ~하는 것에 익숙하다

Q187 How is it living with a Korean woman?

한국 여자와 사는 건 어때요?

A1 It's quite satisfactory. ▶ 상당히 만족스러워요.

A2 It's great. That's why I live with my wife.
▶ 아주 좋아요. 그래서 내 아내랑 살고 있죠.

A3 The problem is not living with a Korean wife, but living with a wife.
▶ 문제는 한국인 아내와 사는 게 아니라, 아내랑 산다는 거지요.

A4 I don't think a wife's nationality is an important matter. ▶ 아내의 국적은 그리 중요한 문제는 아닌 것 같아요.

A5 As a matter of fact, it's really good.
Korean wives seem to be really devoted to their husbands.
▶ 사실은 정말 좋아요. 한국인 아내들은 남편에게 아주 헌신적인 것 같아요.

↳ Not every Korean woman is the same, I guess.
▶ 모든 한국 여자들이 다 그렇진 않을걸요.

Words & Expressions

satisfactory 만족스러운 | nationality 국적 | as a matter of fact 사실은 | devoted to ~에 헌신적인

Q188 Is there anything you can't understand about Korean culture?
한국 문화에 대해 이해 못하는 게 있어요?

A1 **Not particularly.** ▶ 특별히는 없어요.

A2 **Yes. Koreans work too hard.** ▶ 네. 한국인들은 너무 열심히 일해요.

↳ **You should work hard to have a better life.**
▶ 잘 살려면 열심히 일해야죠.

A3 **Why are Koreans in a hurry all the time?**
▶ 한국인들은 왜 언제나 바쁘지요?

A4 **There's nothing I don't understand.**
▶ 난 절대 이해 못하는 그런 거 없어요.

A5 **Koreans put too much importance on education.**
I feel sorry when I see children studying all day long.
▶ 한국인들은 교육을 너무 중요하게 생각해요.
하루 종일 공부하는 아이들을 보면 마음이 안 좋아요.

Words & Expressions

culture 문화 | particularly 특별히 | in a hurry 서두르는 | put an importance on ~을 중요하게 생각하다
education 교육 | all day long 하루 종일

Q189 What do you think about Americans?

미국인들은 어떤 것 같아요?

A1 **Most Americans are friendly.** ▸ 미국인들은 대부분 친절해요.

A2 **I feel Americans talk easily to strangers.**
▸ 미국인들은 낯선 사람들에게도 쉽게 말을 트는 것 같아요.

A3 **Americans like to be different from each other.**
▸ 미국인들은 남과 다른 걸 좋아해요.

A4 **Americans seem to put stress on each individual.**
▸ 미국인들은 개개인을 중요시하는 것 같아요.

↳ **Right. Americans have strong personalities.**
▸ 맞아요. 미국인들은 개성이 강하죠.

A5 **I wonder why Americans are too dependent on guns and law.** ▸ 미국인들은 왜 그렇게 총과 법에 의존하는지 궁금해요.

Words & Expressions

American 미국인 | friendly 친절한 | easily 쉽게 | stranger 낯선 사람 | each other 서로
put stress on ~을 중요시하다 | individual 개인 | personality 성격 | wonder 궁금하다
dependent on ~에 의존하는 | gun 총 | law 법

Q190   I envy Korea's long history.
한국은 역사가 길어서 부러워요.

A1   **Yes. I'm proud of that.** ▶ 네. 난 그게 자랑스러워요.

A2   **Why are you envious of that?** ▶ 그게 왜 부러워요?

A3   **I know. But we have to do better for the future.**
▶ 알아요. 하지만 미래를 위해서 더 열심히 해야죠.

A4   **I just live without thinking if it has a good effect on my life.** ▶ 그게 내 인생에 좋은 영향을 미치는지는 못 느끼고 그냥 살아요.

↳ **I know. But it definitely influences you.**
▶ 알아요. 하지만 분명히 당신에게 영향을 미쳐요.

A5   **You don't need to. America is the strongest country even though it doesn't have a long history.**
▶ 그럴 필요 없어요. 미국은 역사는 길지 않지만 가장 힘센 나라잖아요.

Words & Expressions

envy 부러워하다 | history 역사 | proud of ~가 자랑스러운 | envious of ~가 부러운 | future 미래
without ~하지 않고 | effect 영향, 효과 | definitely 확실히, 분명히 | influence 영향을 끼치다
even though 비록 ~이지만

Q191 What do you think you're doing?

지금 뭐 하고 있는 거예요?

A1 **Oh, I'm sorry.** ▶ 아, 미안해요.

A2 **What do you mean? What have I done?**
▶ 무슨 말이에요? 내가 어쨌는데요?

↳ **You were looking at my cell phone.** ▶ 내 휴대전화 보고 있었잖아요.

A3 **Oh... Am I not supposed to see your photos?**
▶ 아, 당신 사진 좀 보면 안 되는 거예요?

A4 **I'm so sorry. I should have asked your permission first.** ▶ 미안해요. 허락을 먼저 받았어야 했는데.

A5 **I'm sorry if I made you upset.**
I was just trying to help you with doing this.
▶ 기분 상하게 했으면 미안해요. 난 그냥 이거 도와 드리려고 했는데.

Words & Expressions

mean 의미하다, 뜻하다 | cell phone 휴대전화 | be supposed to ~하게 되어 있다, ~해야 하다
should have p.p. ~했어야 했다 | permission 허가 | make - upset ~을 기분 나쁘게 하다

Q192 How could you do that to me?
당신 어떻게 나한테 그럴 수 있어요?

A1 **Please just cool down.** ▸ 진정 좀 해요.

A2 **Hey, I was just joking.** ▸ 이봐요, 난 그냥 농담이었어요.

↳ **It's not funny at all.** ▸ 하나도 안 웃기거든요.

A3 **I don't understand why you're so upset.**
▸ 왜 그렇게 기분이 상했는지 이해가 안 되네요.

A4 **Let me explain. You've got it all wrong.**
▸ 내가 설명할게요. 당신이 완전히 오해하고 있어요.

A5 **Why are you losing your temper? It's no big deal.**
▸ 왜 그리 화를 내요? 별일도 아니잖아요.

Words & Expressions

cool down 진정하다 | funny 웃기는 | explain 설명하다 | get it wrong 오해하다
temper (성마른) 성질, 화 | lose one's temper 화를 내다 | big deal 큰일

Q193 I'm sorry for being highly sensitive.
너무 예민하게 굴어서 미안해요.

A1 **It's all right with me.** ▶ 난 괜찮아요.

A2 **Apology accepted.** ▶ 사과 받아들일게요.

↳ **Sorry, I didn't mean to say that.**
▶ 미안해요. 그렇게 말하려던 게 아닌데.

A3 **Forget it. I should have been more careful.**
▶ 아니에요. 제가 더 조심했어야 했는데.

A4 **No, I'm the one who should apologize.**
▶ 아니에요, 사과할 사람은 나예요.

A5 **I'm okay, but you seem to be in a bad mood these days.** ▶ 난 괜찮은데, 당신 요즘 계속 기분이 안 좋아 보여요.

Words & Expressions
highly 무척, 상당히 | sensitive 민감한, 예민한 | apology 사과 | accept 받아들이다
apologize 사과하다 | in a bad mood 기분이 나쁜

Q194 What's bothering you?
무슨 일이에요?

A1 **Nothing. Never mind.** ▶ 아무것도 아녜요. 신경 쓰지 마세요.

A2 **Don't worry. It's none of your business.**
▶ 걱정 말아요. 당신하고 상관없는 일이에요.

A3 **To tell you the truth, I feel like I'm on edge.**
▶ 실은 나 요즘 신경이 곤두서 있어요.

A4 **As a matter of fact, I have something to confess to you.** ▶ 사실은요. 당신한테 고백할 게 있어요.

↳ **To me? You're making me nervous.**
▶ 나한테요? 긴장되는데요.

A5 **To be frank, I've been so nervous I couldn't sleep for the last couple of nights.**
▶ 솔직히 말하면 너무 긴장이 돼서 며칠 밤 정도 잠을 못 잤어요.

Words & Expressions

mind 신경 쓰다 | business 일 | truth 진실 | on edge 신경이 곤두선 | fact 사실
have something to ~할 게 있다 | confess 고백하다 | to be frank 솔직히 말하면 | nervous 긴장된, 불안한
last 최근의 | a couple of 한둘의

Q195 Tell me about it.
I might be of help.
말해 봐요. 내가 도움이 될 수도 있잖아요.

A1 No, I'd better not. ▸ 아뇨, 안 그러는 게 좋겠어요.

A2 I think I'm gonna get fired. ▸ 나 회사에서 잘릴 것 같아요.

A3 I broke up with my boyfriend a few days ago.
▸ 며칠 전에 남자 친구와 헤어졌어요.

↳ Oh, I'm sorry to hear that. ▸ 저런, 안됐군요.

A4 I had a big fight with my best friend over money.
▸ 제일 친한 친구와 돈 문제로 크게 싸웠어요.

A5 I'm worried that I'm not gonna get married.
I'm going to grow old and die alone.
▸ 결혼 못할까 봐 걱정돼요.
난 외롭게 늙어 죽을 거예요.

Words & Expressions

be of help 도움이 되다 | get fired (회사에서) 잘리다 | break up with (애인과) 헤어지다
have a fight 싸우다 | be worried 걱정되는 | grow old 나이 들어 가다 | die 죽다

Q196 I'm so depressed. What should I do?

너무 우울해요. 어떡하면 좋죠?

A1 **I know how you feel.** ▶ 당신 기분 알 것 같아요.

A2 **Hey, don't let it get you down.**
▶ 이봐요, 그런 일로 기죽지 말아요.

A3 **Come on. Let me give you a hug.**
▶ 이리 와요. 안아 줄게요.

A4 **Don't be weak. Everything will be all right.**
▶ 약한 소리 말아요. 다 잘될 거예요.

↳ **Those words are not that helpful.**
▶ 그런 위로는 도움이 안 돼요.

A5 **It's just temporary. You're gonna get over it soon.**
▶ 일시적일 뿐이에요. 당신은 곧 이겨 낼 거예요.

Words & Expressions

depressed 우울한, 기운 없는 | get down 기를 죽이다 | give - a hug 안아 주다 | weak 약한
temporary 일시적인 | get over 극복하다

Q197 What do you do when you feel blue?

우울한 기분이 들 때 당신은 어떻게 해요?

A1 **I usually go drink with my friends.**
▶ 친구들과 술 마시러 가지요.

A2 **I dance like crazy with the music turned on loud.**
▶ 음악을 크게 틀어 놓고 미친 듯이 춤을 춰요.

A3 **When I eat sweet things, I feel much better.**
▶ 단것을 먹으면 훨씬 기분이 좋아져요.

A4 **I keep inhaling and exhaling and try to think positively.** ▶ 숨을 계속 들이쉬고 내쉬면서 긍정적으로 생각하려고 해요.

A5 **I just go out and run until I feel like my heart will explode.** ▶ 무조건 나가서 심장이 터질 때까지 뛰는 거죠.

↳ **That's a useful tip.** ▶ 그거 괜찮은 방법이네요.

Words & Expressions

blue 우울한 | turn on ~을 켜다 | sweet 단 | inhale 숨을 들이쉬다 | exhale 내쉬다
positively 긍정적으로 | explode 폭발하다, 터지다 | useful 유용한 | tip (작은) 조언

Q198 Would you feel better if I did this?

이렇게 하면 당신 기분이 좀 좋아질까요?

A1 **Ha, ha! You're so funny!** ▶ 하하! 당신 정말 웃겨요!

A2 **Stop doing that. It's no fun at all.**
▶ 그만 해요. 하나도 안 웃겨요.

↳ **I gave it a try at least.** ▶ 적어도 난 노력은 했어요.

A3 **I'm lucky to have a friend like you.**
▶ 당신 같은 친구가 있어서 다행이에요.

A4 **Are you trying to imitate the comedian? You're a poor mimic.**
▶ 그 개그맨 따라 하는 거예요? 흉내도 참 못 내네요.

A5 **I didn't know that you were good at making people laugh. You could even be a TV star.**
▶ 당신한테 사람 웃기는 재주가 있는지 몰랐네요.
TV에 나가도 되겠어요.

Words & Expressions

give it a try 노력하다 | at least 적어도 | imitate 흉내 내다, 모방하다 | comedian 코미디언
poor 못하는 | mimic 따라쟁이 | good at ~을 잘하는 | laugh 웃다 | TV star 연예인

Q199 Thanks to you, I feel much better now.

당신 덕분에 이제 기분이 훨씬 좋아졌어요.

A1 **It's good to hear that.** ▶ 그 말 들으니 기분 좋네요.

A2 **No need to thank me.** ▶ 나한테 고마워할 건 없어요.

A3 **I'm glad I could give you a little help.**
▶ 조금이라도 도움이 되어서 기쁘네요.

A4 **Already? It's really easy to make you feel better.**
▶ 벌써요? 당신 기분 풀어 주는 건 정말 쉽네요.

↳ **You know, I'm fickle.** ▶ 난 변덕쟁이잖아요.

A5 **That's great.**
If there're any other things bothering you,
just let me know.
▶ 좋아요. 또 다른 힘든 일이 있으면 나한테 말해요.

Words & Expressions

thanks to ~ 덕분에 | no need to ~할 필요 없는 | fickle 변덕스러운 | let - know 알려 주다

Q200 I'll treat you at a fancy restaurant.

근사한 식당에서 내가 쏠게요.

A1 **Terrific!** ▶ 멋져요!

A2 **I can't believe it!** ▶ 믿을 수가 없는데요!

A3 **Ya-hoo! I'm so excited!** ▶ 이야! 정말 신난다!

A4 **Oh, I'm so happy I could I cry.**
▶ 아, 진짜 좋아서 눈물이 날 것 같은데요.

↳ **Don't cry and let's go eat.** ▶ 울지 말고 먹으러 가요.

A5 **I finally made it!**
I think I have to keep acting like an idiot for you.
▶ 드디어 해냈다! 당신 때문에 바보 같은 짓을 계속해야 할 것 같네요.

Words & Expressions

treat 대접하다 | fancy 멋진, 근사한 | terrific 아주 좋은, 굉장한 | make it 해내다, 성공하다 | idiot 바보

나만의 Real Life Conversation 만들기

나만의 Q&A를 Scene별로 정리하면 더욱 좋아요.

정리된 원고를 자신의 목소리로 녹음한 후, 시간 날 때마다 수정을 반복하면 완전 나만의 것이 되겠지요.

PART 2

REAL LIFE
CONVERSATION

PART 1에서 배운 짧은 즉문즉답을

촘촘하게 **리얼 스토리**로 엮어 봤어요.

상황 속에서 느낌으로 배우는 영어가 진짜 영어랍니다.

**쉐도잉 훈련용
MP3 무료 다운로드**

PART 1을 공부하면서 틈나는 대로
들으세요. 어느새 쏙쏙~ 술술~ 영어가
이렇게 재미있었나, 깜짝 놀라실걸요!!

Real Life conversation

Scene #1

 첫 만남에서 수다 떨기

M : Hello. I'm Jason Bohn. Nice to meet you.
안녕하세요. 저는 제이슨 본이에요. 만나서 반가워요.

F : Glad to meet you, Mr. Bohn. I'm Park. Sumi Park.
반가워요. 미스터 본. 저는 박이에요. 박수미.

M : How can I call you, Miss Park?
어떻게 부르면 될까요. 미스 박?

F : Call me by my first name. Sumi is fine.
이름 부르세요. 수미가 좋아요.

M : Okay, Sumi. Call me Jason.
좋아요. 수미. 나는 제이슨이라고 부르세요.

- -

M : By the way, haven't we met before? You look familiar.
그런데 우리 만난 적 없나요? 낯이 익어요.

F : Mmm... No, I don't think we have.
음… 아뇨, 그런 것 같진 않은데요.

M : Aren't you a friend of Jiho Kim?
김지호 친구분 아니세요?

F : Yes I am! How do you know me?
맞아요. 저 어떻게 아세요?

M : Jiho showed me some photos.

He told me a lot about his friends.

지호가 사진을 좀 보여 줬어요. 자기 친구에 대해 얘길 많이 해줬죠.

F : Hopefully just good things.

좋은 얘기만 했길 바랄게요.

M : Anyhow, I'm a freelance writer. *freelance 프리랜서로 일하는*

What do you do for a living, if I may ask?

어쨌거나 저는 프리랜서 작가예요.
무슨 일 하세요? 여쭤 봐도 되는지 모르겠지만.

F : I work at Gangdong-gu office.

강동구청에서 일해요.

M : Oh, you work for the government.

아, 공무원이시구나.

---

nearby ~가까이에

M : Where do you live then? Nearby Gangdong-gu office?

그럼 어디 사세요? 강동구청 근처?

F : No. I live in Mapo. It's quite away from my work place.

아니요. 마포에 살아요. 직장에서는 꽤 멀죠.

M : Right. I thought you're a student. You look really young.

May I ask how old you are?

flatter 아첨하다

그렇네요. 저는 당신이 학생인줄 알았어요. 아주 어려 보이세요.
몇 살인지 여쭤 봐도 돼요?

F : I'm flattered to hear that. I'm in my late twenties.

그 말씀 들으니 기분 좋은데요. 저는 20대 후반이에요.

M : Are you from Seoul?

서울 출신이세요?

F : No, I'm from Busan. Do you know where it is?

아니요, 부산이에요. 거기가 어딘지 아세요?

M : Of course. The second largest city in Korea, right?

물론이죠. 한국에서 두 번째 큰 도시, 맞죠?

F : Correct!

맞습니다!

correct
맞는

fun
재미있는

M : It's fun to talk with you.
I'd like to keep in touch with you.

당신이랑 얘기하니까 즐겁네요.
계속 연락하고 싶어요.

F : Really? I think it will be nice for both of us.

그래요? 그럼 서로 좋죠.

M : May I have your phone number?

전화번호 좀 알려 줄래요?

F : Let me save it for you. May I use your phone?

번호 저장해 드릴게요. 전화 줘보실래요?

Real Life conversation

 가족 이야기로 수다 떨기

F : May I ask if you are married?
결혼하셨는지 여쭤 봐도 돼요?

M : Yes, I'm married. Do you see this ring?
네. 저 결혼했어요. 이 반지 보여요?

F : I knew it. All good-looking guys are married.
그럴 줄 알았어요. 잘생긴 남자들은 다 결혼했죠.

M : You're making fun of me, aren't you?
나 놀리는 거죠?   *make fun of*
          → ~을 놀리다

F : No, I'm not. How did you meet your wife?
아니에요. 부인은 어떻게 만났어요?

M : It's a long story. My wife and I met by chance.
얘기가 길어요. 아내와 나는 우연히 만났어요.

F : Tell me more. I have plenty of time today anyway.
더 얘기해 주세요. 오늘 시간 아주 많아요.

M : Let me tell you over a drink someday.
언제 술 한잔 하면서 말해 줄게요.   → *over a drink*
          술 한잔 하면서

F : All right.
좋아요.

F : Do you have children?
아이들은 있어요?

M : Actually, we're expecting a baby this September.
실은 올해 9월에 아기가 태어나요.

F : Congratulations! I'm so happy to hear that.
You're going to be a daddy!
축하해요! 그 얘기 들으니 정말 기쁘네요.
아빠가 되는 거잖아요.

M : Yes, I am. We've been trying to have a baby for years.
그렇죠. 오랫동안 아기를 가지려고 했었거든요.

F : Your married life seems to be happy.
결혼 생활이 행복해 보여요.

M : Yeah, I think I'm the luckiest person in the world.
그래요. 내가 이 세상에서 제일 운 좋은 사람 같아요.

F : I even dream of marrying after seeing you.
But the problem is that I don't have a boyfriend.

problem
문제 ←
당신을 보니 결혼이 하고 싶어지네요.
문제는 내가 남자 친구가 없다는 거죠.

M : I'm sure you're going to have one soon.
틀림없이 당신도 생길 거예요.

M : Do you live with your family?
가족들과 같이 사나요?

F : Yes, I do.
그럼요.

M : What are your parents like?

부모님은 어떤 분들이세요?

F : They are good people.

좋은 분들이세요.

M : Do you have a good relationship with your parents?

부모님과 사이는 좋아요?

F : Yes. They are always supportive to me.

네. 언제나 저를 지지해 주세요.

M : Are you more like your mother or your father?

어머니를 더 닮았어요, 아버지를 더 닮았어요?

F : People say I'm more like my dad.

사람들이 난 아빠를 더 닮았대요.

M : How about sisters or brothers? Do you have any?

형제자매는요? 있어요?

F : Yes, I have an elder sister.

네. 언니가 하나 있어요.

M : Are you close to your sister?

언니랑은 친해요?

F : Yeah. We talk a lot whenever we're together.

네. 같이 있으면 언제나 이야기를 많이 하죠.

folks
↗ 부모, 가족

M : I think I have to make a phone call to my folks today.

오늘 나도 가족들에게 전화 좀 해야겠네요.

make a phone call
전화하다

Real Life Conversation Scene #3

 취미, 여가로 수다 떨기

M : What do you like to do when you're free?
시간 있을 때 뭐 하는 걸 좋아해요?

F : Nothing special.
I just kill time watching TV or something.
특별한 건 없어요. TV 같은 거 보면서 그냥 시간 보내지요.

What about
~는 어때?

M : What about music? What kind of music do you like?
음악은요? 어떤 음악 좋아해요?

F : I'm a big fan of rock and rolls. It de-stresses me.
난 로큰롤 광팬이에요. 스트레스가 확 풀려요.

M : Good to hear that! I'm crazy about rock and roll, too.
Oh, I really want to learn to play the guitar.
그 얘기 반갑네요. 나도 로큰롤에 미쳐 있거든요.
아, 정말 기타 배우고 싶네요.

F : You have to. A man playing the guitar looks great.
꼭 그렇게 해요. 기타 치는 남자 멋있어요.

M : That's why I want to learn to play the guitar.
기타 배우고 싶은 이유가 그거예요.

F : How about reading? Do you read a lot?
독서는요? 독서 많이 하세요?

M : I try to read many books when I'm free.

시간이 되면 책을 많이 읽으려고는 해요.

F : Please recommend me some interesting books.

재미있는 책 좀 추천해 주세요.

M : The Da Vinci Code.

It's the best mystery novel that has ever been published.

〈다빈치 코드〉요. 이제껏 출판된 소설 중에는 최고예요.

F : I've seen the movie. I have to read the book, too.

영화는 봤어요. 책도 읽어 봐야겠네요.

F : Have you seen any movies recently?

최근에 영화 본 건 있어요?

M : Yeah. I went to see "The Lord of the Rings."

네. 〈반지의 제왕〉 보러 갔어요.

F : What was the movie like?

그 영화 어땠어요?

M : It's just out of this world!

You have to see the movie. You won't regret it.

정말 굉장해요.
그 영화 봐요. 후회 안 할 거예요!

F : Okay. I will.

그래요, 보러 갈게요.

M : Do you like singing?

Do you often go to karaoke rooms?

노래하는 거 좋아해요? 노래방 자주 가세요?

F : Yeah, sometimes. I feel refreshed after some crazy
singing and dancing.
네, 가끔요. 미친 듯이 노래하고 춤추고 나면 후련해져요.

M : Let's go to a Karaoke bar some time.
언제 한번 같이 노래방 가요.

F : How about this Sunday?
이번 일요일 어때요?

M : Perfect.
아주 좋아요.

M : Are you free on weekends?
주말에는 여가가 있나요?

F : No, I have a part-time job on weekends.
That's why I feel always tired.
아뇨. 주말에 아르바이트를 하거든요. 그래서 언제나 피곤해요.

M : I'm so sorry to hear that.
저런. 어쩌나. sorry to
~듣게 되서 유감인

F : But this Sunday is okay.
하지만 이번 일요일은 괜찮아요.

M : What would you like to do if you had time and money?
돈과 시간이 있으면 뭘 하고 싶어요?

F : Just thinking of it makes me happy.
I would do everything that I've wanted to do.
생각만 해도 기분 좋네요. 하고 싶었던 일들 다 할 거예요.

M : Let me join you. join
동참하다
나도 같이 하게 해줘요.

외모로 수다 떨기

M : You know that? You have beautiful eyes.

그거 알아요? 당신 눈이 참 예뻐요. *to tell you the truth 사실은*

F : To tell you the truth, I had plastic surgery.

사실은, 나 성형 수술 한 거예요.

M : Are you serious? Your eyes look so natural.

정말이에요? 눈이 정말 자연스러워 보여요.

F : Thank you.

고마워요.

M : Aren't you afraid of getting surgery?

수술받는 거 안 무서워요?

F : I'm afraid, but I can stand it.

무섭지만 참을 수 있어요.

F : What do you think about getting plastic surgery?

성형 수술받는 거에 대해 어떻게 생각해요?

M : I think a person has to accept what he or she is.

사람은 자기 자신에 대해 받아들여야 한다고 생각해요.

F : So, you mean you're against it.

그래서 당신은 부정적인 거네요.

M : Don't care about my opinion.

내 의견은 신경 쓰지 말아요.

M : Anyway, all Korean girls are slender like you.

어쨌거나 모든 한국 여자들은 당신처럼 날씬해요.

F : All Korean girls are thin but me. I have to go on a diet.

나 빼고 한국 여자들은 다 말랐지요. 나는 다이어트 해야 돼요.

M : You shouldn't. You are just perfect.
You don't have to worry about the way you look.

안 돼요! 당신 몸매 완벽해요.
외모에 자신감을 가져요.

F : Thank you for saying that.

그렇게 말해 줘서 고마워요.

F : You are good-looking as well, and you look so tall.
How tall are you?

당신도 잘생기고 키도 커 보여요.
키가 얼마예요?

M : I'm 185 centimeters tall.

185센티미터예요.

F : It's good to be tall, isn't it?

키가 크면 좋죠, 그죠?

M : It should be nice to catch people's attention, but I don't
think I've got any advantages for being tall.

보기는 좋겠지만 키가 커서 별 이득 본 건 없는 것 같은데요.

M : By the way, the dress looks good on you.

> by the way
> 그런데

그런데, 그 옷이 잘 어울리는 것 같아요.

F : I look good in everything, you know. I'm just kidding.

있잖아요, 난 뭘 입어도 잘 어울리거든요. 농담이에요.

M : You're so funny.

당신 참 재미있어요.

M : Did you get a perm, too?

파마도 한 거예요?

F : Yes, two months ago.
But I've got tired of my permed hair.
I'm thinking of getting my hair cut.

네, 두 달 전에요. 그런데 파마 머리가 지겨워졌어요.
머리를 자를까 생각 중이에요.

M : Short hair would also look good on you.

짧은 머리도 어울릴 것 같아요.

M : Oh, the necklace you're wearing is quite unique.

야, 당신 하고 있는 그 목걸이가 아주 독특한데요.

F : It's a good one, isn't it? I got it at a flea market.
You flattered me too much, so I think I have to buy
you lunch.

> flatter
> 아부하다, 입 발린 소리하다

이거 괜찮죠? 이거 벼룩시장에서 건진 거예요.
너무 띄워 주셔서 점심은 제가 사야 될 것 같네요.

Real Life conversation

 ## 성격, 취향, 재능으로 수다 떨기

M : What kind of person do you think you are?
당신은 어떤 사람인 것 같아요?

F : I don't know. You tell me.
모르겠어요. 당신이 말해 줘요.

M : You are charming.
당신은 매력적이에요.

F : I don't think I am.
그런 것 같지 않은데요.

seem
~인 것 같다

M : Yes, you are. But it seems you don't know that.
아니에요. 정말이에요. 하지만 당신은 그걸 모르는 것 같아요.

F : Yeah, I don't know myself.
그래요. 난 나를 잘 몰라요.

myself
나 자신

M : Do you worry much about everything?
매사에 걱정이 많은가요?

F : Yes. I'm kind of fearful.
care about
신경 쓰다
Always caring about what others would think about me.
네. 제가 좀 소심한 편이에요.
다른 사람들이 나에 대해 어떻게 생각하나 신경이 쓰여요.

M : Just think about yourself.

Don't bother to be too nice to people.

당신 자신만 생각해요.
사람들한테 너무 잘하려고 애쓰지 말아요.

F : I'm just a helpless victim of "Nice Girl Syndrome."

'착한 여자 증후군' 때문에 어쩔 수 없어요.

F : I have something to ask you.

Which would you choose? A good girl, or a pretty girl?

묻고 싶은 게 있는데요.
누굴 고르겠어요? 착한 여자랑 예쁜 여자 중에?

M : Definitely a good girl.

A pretty face is completely useless.

당연히 착한 여자죠. 예쁜 얼굴은 아무 쓸모없어요.

F : All right. I believe you. → believe 믿다

좋아요. 당신 말 믿을게요.

F : Anyhow, what are you good at?

어쨌든. 당신은 뭘 잘해요?

M : Me? I have a little talent for languages, I guess.

저요? 어학에 조금 소질이 있는 것 같아요.

F : Do you? I envy talented people.

그래요? 난 재주 있는 사람이 부러워요.

M : I agree with you. Talented people are popular.

맞아요. 재주 있는 사람들은 인기도 많잖아요.

F : So many people are talented these days.

요즘은 재주 많은 사람들이 정말 많아요.

M : Wow! Let me see your bracelet!
   You have a unique taste. ↝ bracelet
                                    팔찌

   이야! 당신 팔찌 좀 보여 줘봐요.
   취향이 독특한데요.

F : Not really. This is just popular these days.

   꼭 그런 건 아니에요. 이게 요즘 인기란 말이에요.

M : A green bracelet... Do you like green?

   초록색 팔찌라… 초록색 좋아해요?

F : Yes, I think I do.
                                  nature
                                  자연
   네. 그런 것 같아요.

M : If you like green, you might like nature.
   Does living in a big city fit you?

   초록색을 좋아한다면 자연을 좋아하겠네요.
   대도시에 사는 게 당신한테 맞아요?

F : Yeah, it does. But sometimes I imagine myself living in
   a remote rural place.

   그래요. 하지만 가끔은 외딴 시골에서 사는 것도 상상해 봐요.

Real Life conversation

 생활, 습관에 대해 수다 떨기

M : Are you busy these days? It's hard to see you.

요즘 바빠요? 얼굴 보기 힘드네요.

F : Yes. I've been tied up at work recently.

I couldn't clean my room for a few days.

네. 최근에 회사 일에 매여 지내요.
며칠 동안은 방 청소도 못했다니까요.

M : How often do you clean your house?

집 청소는 얼마 만에 하는데요?

F : Not so often. About every two or three days.

Do you divide house chores with your wife?

그렇게 자주는 아녜요. 이틀이나 사흘에 한 번 정도요.
당신은 부인과 가사일은 분담하나요?

M : Yeah, I help my wife a lot.

give a ride
(차로) 데려다 주다

And I give my wife a ride wherever she needs to go.

그렇죠, 아내를 많이 도와줘요.
그리고 아내가 가는 데는 어디든 모셔다 드리죠.

M : Do you drive?

운전하세요?

F : Of course. It has been over ten years since I first drove.

물론이죠. 운전한 지 십 년도 넘었어요.

M : Have you ever had a car accident?

차 사고 난 적은 있어요?

F : No, I haven't. Have you?

아뇨, 없어요. 당신은요?

**M : I've had several serious and non-serious accidents.
I'm a reckless driver.** ~~reckless 무모한~~

저는 크고 작은 사고가 몇 번 있었어요. 무모한 운전자라서.

F : You don't look like such a person.

그래 보이지는 않는데요.

careless
부주의한

hot-tempered
성질이 급한

**M : Yes, I am. I'm careless and hot-tempered.
I've also done so many things I regret.**

그래요. 부주의하고 성질 급하고.
후회할 짓도 많이 했죠.

- -

M : Hey, what is the worst thing you've ever done?

지금껏 살면서 했던 가장 나쁜 짓이 뭐예요?

**F : Hmm... I stole money from my mom's wallet when
I was a kid.**

음… 어렸을 때 엄마 지갑에서 돈을 훔친 적이 있었어요.

M : That's cute.

그건 귀여운 거죠.

- -

F : I can't believe you are short-tempered.
short-tempered
성질이 급한

What annoys you the most?

당신이 성질이 급하다는 거 못 믿겠는데요.
제일 성질 나는 일이 뭐예요?

M : People. Nosy people, unmannered people...

사람들이죠. 간섭하는 사람들, 무례하게 구는 사람들…

F : I know what you mean.

무슨 말인지 알겠어요.

F : Oh, you're shaking your legs.

그런데 다리를 떨고 있네요.

M : Oh, I didn't know that.

Don't you have any particular habits?

아, 몰랐어요. 당신은 습관 같은 거 없어요?

F : I used to bite nails. It was really hard to break.

손톱을 물어 뜯었었죠. 고치기 정말 힘들었어요.

M : You're right. Bad habits are not easy to solve.

맞아요. 나쁜 버릇은 고치는 게 쉽지 않죠.

F : Do you snore?

코 골아요?

M : Yes. And that's why I'm always tired.

What about you? Are you an early bird?

네. 그래서 늘 피곤해요.
당신은요? 아침에는 일찍 일어나요?

F : No, I struggle with getting up early in the morning.

아니요. 전 아침에 일찍 못 일어나요.

쇼핑에 대해 수다 떨기

M : Hey, where did you get those sneakers?
   Aren't those a Nike limited edition?

   야, 그 운동화 어디서 샀어요?
   그거 나이키 한정판 아니에요?

F : I bought these online from overseas.

   해외 직구로 산 거예요.

M : Cool!

   멋지다!

M : How much did they cost?

   얼마였어요?

F : These were on sale for a hundred thousand won.

   이거 세일해서 십만 원이었어요.

M : That's a good price.

   싸게 잘 샀네요.

F : Yeah, these were 30 percent off the list price.
   But I feel uncomfortable because it was an impulse buy.

   그래요, 이거 정가에서 30퍼센트 할인된 거예요.
   하지만 충동구매로 사서 기분이 찝찝해요.

M : Once you buy something, just forget its price.

   일단 샀으면 가격은 잊어버려요.

M : Do you spend much money on clothes?

옷 사는 데 돈을 좀 쓰나요?

F : No, I spend money on food instead.

아뇨, 먹는 거에 대신 돈을 쓰는 편이죠.

→ thin 마른

M : Really? How can you be so thin?

그래요? 그런데 어떻게 그렇게 말랐죠?

M : Where do you buy groceries?

장은 어디서 보세요?

F : Usually at local markets.
Sometimes I go to major supermarkets when they're having sales.

주로 동네 시장을 가요. 행사 중일 때는 가끔 마트에 가고요.

M : Do you enjoy shopping?

쇼핑을 즐기나요?

F : Is there anybody who doesn't like shopping?

쇼핑 안 좋아하는 사람이 있나요?

M : Yes, there is. I don't like shopping.

있죠. 저 쇼핑 싫어해요

F : Why not? Shopping helps you blow off steam.

왜요? 쇼핑을 하면 스트레스가 확 풀리는데.

Precisely 정확하게 ←

M : Precisely speaking, I try not to spend money.
Living in Seoul is expensive, you know.

정확하게 말하면 돈을 안 쓰려고 해요.
서울에서 사는 건 돈이 많이 들잖아요.

F : Right. The cost of living in Seoul is high.

맞아요. 서울에선 생활비가 많이 들죠.

F : Do you save money?

저축은 하나요?

M : Yes. I'm saving half of my income.

네. 수입의 절반은 저축하죠.

F : Wow, you're saving a lot.

　Do you want to make big money?

이야, 저축 많이 하네요.
돈 많이 벌고 싶어요?

M : Yes. So I do stock investing, too.

네. 그래서 주식 투자도 해요.

dangerous
위험한

F : Stock investment seems to be dangerous.

　I believe money is not everything.

주식 투자는 위험한 것 같아요.
돈이 전부는 아닌 것 같아요.

M : Right. The more you get, the more you want.

맞아요. 가지면 가질수록 더 원하게 되죠.

음식에 대해 수다 떨기

M : Hey, you look hungry.

어이, 배고파 보이네요.

F : Yeah. I'm starving.

네. 배고파 죽을 것 같아요.

**M : Please don't die. Let's go eat something delicious.
What would you like to eat?**

죽지 말아요, 제발. 맛있는 거 먹으러 가요.
뭐 먹고 싶어요?

F : Why don't you recommend something good?

맛있는 거 뭐 좀 추천 해보실래요?

M : Let me search for some restaurants on my phone.

폰으로 맛집 검색 좀 해볼게요.

F : So, is this restaurant popular?

그래서 이 식당은 유명한 데예요?

**M : Yeah. You have to wait in line here at lunch time.
What would you like to order?**

그럼요. 점심 때면 여긴 줄 서서 기다려야 해요.
뭐 주문할 거예요?

F : I'd like spicy seafood noodles.

저는 짬뽕 할래요.

seafood
해산물

M : How does yours taste?

당신 건 맛이 어때요?

F : This is good. And... I didn't notice it at first, but it's getting hot.

맛있어요. 그리고… 처음에는 몰랐는데 점점 매워지네요.

M : What kind of food do you like?

어떤 음식 좋아해요?

F : I like spicy food, and I can't skip sweet desserts after eating hot food.

How about you? How do you like Korean food?

매운 음식 좋아하는데 매운 거 먹고 나면 꼭 달달한 디저트를 먹어야 해요.
당신은요? 한국 음식 어때요?

M : I like it a lot.

Korean food uses lots of vegetables, and I like that very much about it.

정말 좋아하죠.
한국 음식은 채소를 많이 사용하는데, 난 그 점이 참 좋아요.

F : Right. Korean food is good for your health.

맞아요. 한식은 건강에 좋죠.

M : Do you cook?

요리는 해요?

F : Yeah, sometimes.

네, 가끔요.

M : Are you a good cook?

요리 잘해요?

F : I believe so. I like cooking for myself and my family.

그렇다고 믿죠. 제가 먹는 것도 그렇고 가족들한테 요리해 주는 거 좋아해요.

M : What kinds of food can you make?

어떤 음식 할 수 있어요?

F : I can cook almost all the simple dishes.

웬만한 간단한 요리는 다 할 수 있어요.

M : Anyway, healthy eating seems to be a real issue these days. → anyway 아무튼

아무튼 요즘 건강식이 화두인 것 같아요.

F : Yeah. But the interest is too much and there seem to be side-effects, too.

네. 하지만 그런 관심이 너무 과해서 부작용도 있는 것 같아요.

M : Let's go now. And this is on me.

이제 가요. 그리고 이건 제가 낼 게요.

F : You got it last time, so this is my turn.

지난번에 당신이 냈으니까 이번은 내 차례예요.

M : Just invite me some time and make me something delicious. → invite 초대하다

그냥 언제 한번 초대해서 맛있는 거 해주세요.

Real Life conversation

 친구, 술에 대해 수다 떨기

M : Hey, Sumi. Can I buy you a drink?

수미 씨, 제가 술 한잔 살까요?

F : Sounds great.
How did you know that I feel like a drink tonight?

그거 좋죠.
오늘 저녁에 한잔하고 싶었는데 어떻게 알았어요?

M : Let me take you to my favorite hangout.

내가 잘 가는 술집으로 모실게요.

M : Let's have a toast!

건배합시다! → have a toast
건배하다

F : Cheers!

건배! → cheers 건배

M : Do you get along well with anyone?

아무나 쉽게 어울리는 편이에요?

F : Yeah, I like meeting people and laughing and chatting.

네, 저는 사람들 만나고 웃고 떠드는 게 좋아요.

M : Do you have many friends?

친구는 많아요?

F : I have lots of acquaintances, but just a few close friends.

아는 사람은 많은데 친한 친구는 몇 명 안 돼요.

M : Do you have a friend who's always there when you're in trouble?

힘들 때 언제나 와주는 친구가 있나요?

F : Yeah. I have a friend who always cares about me.

네. 언제나 날 걱정해 주는 친구가 있죠.

M : It's a blessing to have a friend like that.

그런 친구가 있다는 건 축복이죠.

M : What do you talk about with your friends?

친구들과는 무슨 이야기를 해요?

F : Well... About fun things, worries of life, everything. What do you usually do with your friends?

글쎄… 재미있는 일이나 이런저런 사는 걱정 모두 다요.
당신은 친구들이랑 주로 뭘 해요?

M : We usually drink. And we meet regularly on weekends and play basketball.

주로 마시죠.
주말에 정기적으로 만나서 농구도 하고요.

F : Do you often drink with your friends?

친구들이랑 술 자주 마셔요?

M : Yes. Some of my friends are heavy drinkers. How much do you drink?

네. 친구 몇이 술고래예요. 당신은 주량이 얼마예요?

F : I get tipsy with a glass of beer.

맥주 한 잔 마시면 알딸딸해지죠.

M : What's your drinking personality?

술버릇은 어때요?

F : I talk a lot, and get loud when I'm drunk.

난 술 취하면 말도 많고 시끄러워져요.

M : Yes, you've already gotten loud.
You look like you're already drunk.

그래요. 당신 벌써 시끄러워졌어요.
벌써 취하신 것 같은데요.

F : No I'm not. I feel absolutely fine.

아니에요. 나 완전 말짱해요.

absolutely
아주, 절대적으로

M : I'm worried about you.
When you go home, drink a lot of water and eat
scrambled eggs.

scramble
뒤죽박죽으로 만들다

걱정되네요.
집에 가면 물 많이 마시고 스크램블 에그 먹어요.

TV, 연예인에 대해 수다 떨기

M : Hey, did you see "The Good Wife" yesterday?
어제 〈굿 와이프〉 봤어요?

F : Was it on yesterday? No, I missed it.
어제 했어요? 이런. 놓쳤네요.

M : It was so fun. You will regret it.
정말 재밌었는데. 당신 후회할 거예요.

F : Do you watch TV often?
TV 자주 보세요?

M : Yes, watching TV is my only way to relax.
네. TV 보는 게 저한텐 유일한 휴식거리예요.

F : What kinds of TV show do you usually watch?
어떤 TV 프로그램을 주로 봐요?

M : I never miss the Sunday night comedy show.
Do you think watching TV is bad?
일요일 밤에 하는 코미디 프로는 절대 안 빼먹어요.
TV 보는 게 나쁘다고 생각해요?

F : No. You can get lots of information on TV.
아니요. TV에서 많은 정보를 얻을 수 있잖아요.

M : Yeah. You can watch Discovery channel all day long.
네. 디스커버리 채널은 하루 종일 볼 수 있죠.

M : Are there TV stars you like?

좋아하는 탤런트는 있어요?

F : Yeah. I like the one who played the prosecutor on the "Lawyers."

네. 〈변호사들〉에서 검사 역 맡았던 사람 좋아해요.

M : Oh, he also appears on the KBS daily drama, doesn't he?

아, 그 사람 KBS 일일드라마에도 나오죠?

M : How about singers? Who do you like the most among popular singers?

가수는요? 대중 가수들 중에는 누굴 제일 좋아해요?

F : I love Shi-ho. I bought all the albums he has ever released.

저는 시호가 좋아요. 그 사람이 발표한 앨범은 다 샀죠.

M : Yeah. He's a real musician.

real 진짜의

그래요. 그 사람은 진정한 음악가지요.

musician 음악가

F : So many people seem to sing well these days.

요즘은 노래 잘하는 사람들이 정말 많은 것 같아요.

M : I agree. But TV Auditions seem to be overflowing these days.

요즘에는 오디션 프로그램이 넘쳐나는 것 같아요.

F : That's right. It was really fresh at first.

맞아요. 처음에는 정말 참신했는데.

M : It seems everybody hopes to be a celebrity.

hope 바라다

모두들 연예인이 되고 싶어 하는 것 같아요.

M : By the way, did you hear the news about Kim?

그런데 킴에 대한 뉴스 들었어요?

F : Of course, all the entertainment media is covering the story.

네, 모든 연예 뉴스가 그 기사를 다루잖아요.

M : Yeah. It's too harsh on her.

Rumors seem to spread instantly these days.

너무 심한 것 같아요.

요즘은 루머가 순식간에 퍼지는 것 같아요.

F : It's a terrifying world, isn't it?

무서운 세상이에요, 그렇죠?

F : Would it be good to be a celebrity?

연예인이 되면 좋을까요?

M : It could be bad, but one has to put up with it.

나쁜 일도 있겠지만 감수해야지요.

F : Just because they are celebrities?

단지 그들이 연예인이라는 것 때문에요? *choose 고르다*

M : Yes. They chose to sell themselves to the public.

그렇죠. 대중에게 자기 스스로를 팔겠다고 결정했으니까요. → *the public 대중*

F : Oh, you're too harsh.

에이, 너무 심해요.

연애, 결혼에 대해 수다 떨기

blanket
담요

lap
무릎 (앉았을 때 넓적다리 위)

M : It's cold. Put this blanket on your lap.

춥네요. 이 담요 무릎 위에 덮어요.

F : Thank you. Are you nice to every woman like this?

고마워요. 모든 여자들한테 이렇게 잘해 주나요?

M : You might have only met rude guys.

무례한 남자들만 만나 봤나 보네요.

rude
무례한

F : You should be rude to other women. You have a wife.

다른 여자들한테는 무례하게 굴어야죠. 당신은 부인이 있으니까.

- -

F : How many relationships have you had?

연애 얼마나 해보셨어요?

M : I've had only two close relationships.
The latter was with my wife.

깊은 연애는 딱 두 번이었어요.
뒤에 했던 게 우리 와이프였고요.

- -

F : When was your first love?

첫사랑은 언제였어요?

M : It was my high school science teacher.

고등학교 과학 선생님이었어요.

I had sleepless nights because of her.

선생님 때문에 밤잠도 못 이뤘었죠.

F : You loved your teacher? Wow!

선생님을 좋아했다고요? 와!

F : What type of girl are guys into?

남자들은 어떤 여자를 좋아해요?

M : You may think guys like pretty girls, but they're into smart and intelligent women.

Do you have a boyfriend?

남자들이 예쁜 여자를 좋아한다고 생각하겠지만 똑똑하고 지적인 여자에게 끌려요.
남자 친구 있어요?

F : Yeah. Though he's not my type, he's so nice to me.

네. 제 타입은 아니지만 저한테 정말 잘해 주지요.

M : What's your "ideal" type of guy, then?

그럼 이상형이 어떻게 돼요?

F : A capable and charismatic guy?

능력 있고 카리스마 있는 남자?

M : Those guys are dangerous. You'd better think twice.

그런 남자들은 위험해요. 다시 생각해 보는 게 좋아요.

M : How long have you been seeing your boyfriend?

남자 친구 만난 지는 얼마 됐는데요?

F : It's been over five years, but we've gotten together and broken up repeatedly.

오 년이 넘었지만 만났다 헤어졌다를 반복했어요.

M : Oh, you must have gone through a lot.
   Do you have a plan to marry him?

   아, 여러 일이 많았겠어요.
   그 사람이랑 결혼할 생각이 있어요?

F : I'm gonna get married someday, but not to him.

   언젠가는 결혼하겠죠. 하지만 그 사람이랑은 아니에요.

F : What are good things about being married?

   결혼하면 뭐가 좋아요?

M : The best part is that you can settle down and feel
   secure.

   정착하고 안정감이 생긴다는 게 제일 좋은 점이죠.

F : What are negative things about marriage?

   결혼해서 나쁠 일들은 뭐예요?

M : There are lots of things you have to put up with.

   참아야 할 일들이 너무나 많아요.

F : Hmm... I think marriage is what you consider carefully.

   흠… 결혼은 신중하게 생각할 문제인 것 같아요.

consider
고려하다

carefully
조심스럽게, 신중하게

Real Life conversation

 직장, 학교에 대해 수다 떨기

F : Did you do well in school?
학교 생활은 잘 했어요?

M : Yes. I was a good student.
그럼요. 좋은 학생이었지요.

F : What subjects did you like?
어떤 과목들을 좋아했어요?

**M : I didn't like the subjects that made me use my brain.
I loved P.E. the most.**
머리 써서 하는 과목을 싫어했죠. 체육을 제일 좋아했어요.

F : Do you have any fun memories of school?
학교 다닐 때 재미있었던 추억 있어요?

M : I accidentally broke the window and ran away.
실수로 창문을 깨버려서 도망간 적이 있었어요.

F : Oh, you naughty boy.
이런, 장난꾸러기 같으니.

M : What was your future dream job when you were a kid?
어릴 때 꿈은 뭐였어요?

F : I just wanted to be a mom, a pretty housewife.
그냥 엄마, 예쁜 주부가 되고 싶었어요.

→ waste 낭비
qualified 자질이 되는

M : It's a waste if a qualified woman like you doesn't work.
What was your major in college?

당신처럼 자질 있는 사람이 일을 안 하면 낭비죠.
대학 때 전공은 뭐였어요?

F : Social welfare seemed to be promising, so I chose it.

사회복지가 전망이 좋아 보여서 그걸 했죠.

M : How did you get your current job?

지금 하는 일은 어떻게 하게 됐어요?

F : I passed the test for civil servants.

공무원 시험에 합격해서지요.

M : How do you like your job?

하는 일은 좋아요?

F : I'm not sure. I just work.
How many people would enjoy their jobs?

잘 모르겠어요. 그냥 일하는 거지.
자기 일을 즐기는 사람이 몇 명이나 되겠어요?

M : Do you have a good relationship with your colleagues?

직장 동료들과는 관계가 좋아요?

F : Not bad, not good, just so-so.

나쁘지도 않고 좋지도 않고 그냥 그래요.

M : Don't you sometimes want to quit your job?

가끔 회사 관두고 싶을 때 없어요?

F : I'm dying to quit when I'm far behind in my work.

What do you consider when choosing a career?

일이 산처럼 쌓여 있을 때는 관두고 싶어 죽겠어요.
당신은 직업을 고를 때 어떤 점을 고려하나요?

M : I consider if it's a job that I really want to do.

If you're not satisfied with your job, I think you'd better

look for another.

look for
찾아보다, 구하다

그게 진짜 내가 하고 싶은 일인지를 고려해 봐요.
자기 일에 만족을 못한다면 다른 일을 찾아보는 게 좋아요.

건강에 대해 수다 떨기

F : What's wrong with your finger?
   Are you hurt?

   손가락 왜 그래요?
   다쳤어요?

   don't have to
   → ~할 필요 없는

M : You don't have to worry. It's just a scratch.

   걱정할 필요 없어요. 그냥 긁혔어요.

M : By the way, you don't look good. Are you okay?

   그런데 안색이 안 좋아 보여요. 괜찮아요?

F : I don't know. I haven't been feeling very well
   these days.

   모르겠어요. 요즘 계속 몸이 안 좋았거든요.

   worry about
   → ~에 대해 걱정하다

M : It's you who I should be worried about.

   걱정해야 될 사람은 당신이네요.

M : What are your symptoms?

   증상이 어떤데요?

F : My throat is throbbing and I have a slight fever.

   목이 아프고 열이 약간 있어요.

M : Have you seen a doctor?

병원에는 가봤어요?

F : I will. I made an appointment this afternoon.

갈 거예요. 오늘 오후에 예약해 놨어요.

M : Why do you keep sneezing? Do you have any allergies?

재채기는 왜 계속 해요? 알레르기가 있나요?

F : Whenever spring comes, I can't stop sneezing because of the dust.

봄이 올 때마다 먼지 때문에 재채기가 안 멈추죠.

M : Take care of your health.

건강 조심해요.

F : I'm still young and health has not been my concern. I think I'm getting old.

젊어서 건강은 신경도 안 썼는데.
늙나 봐요.

M : Come on. Young people sometimes get sick, too.

왜 그래요. 젊은 사람들도 가끔씩 아프다고요.

F : You always look energetic.

당신은 언제나 힘이 넘쳐 보여요.

M : Yeah, I've never known sickness.

네, 전 아픈 걸 모르고 살았어요.

F : Do you exercise regularly?

규칙적으로 운동을 하나요?

M : Yeah. I exercise around 30 minutes a day.
I think I should take you with me to the gym.

네. 하루에 삼십 분 정도 운동해요.
당신도 헬스장에 데려가야겠어요.

------------------------------ cigarette 〇 담배 ------------------------------

F : Isn't that a cigarette? Do you smoke?

그거 담배 아니에요? 담배 피우세요?

M : Yes, I know it's the worst habit I have.
I think I'm already addicted to smoking.

그래요, 내가 갖고 있는 제일 나쁜 습관이죠.
벌써 담배에 중독된 것 같아요.

F : You should have never started it.
Haven't you thought of quitting smoking?

아예 시작하지 말았어야죠.
담배 끊을 생각은 안 해봤어요?

M : I always failed whenever I tried to quit it.

끊으려고 할 때마다 실패했어요.

F : You're in good health though you smoke? Interesting.

담배를 피우는데도 건강하다고요? 신기하네요.

interesting
재미있는, 신기한

Real Life conversation

 날씨, 계절에 대해 수다 떨기

F : It's a beautiful day, isn't it?
오늘 날씨 정말 좋다. 그렇죠?

M : It's so bright I can't help but put on sunglasses.
너무 밝아서 선글라스를 안 쓸 수가 없네요.

F : What's the temperature?
기온이 몇 도예요?

M : It's gotten much higher. It's over 22 degrees.
I'd better take off my jacket.
많이 올랐어요. 22도가 넘어요. → *take off*
윗옷을 벗는 게 좋겠어요. *옷을 벗다*

- -

F : What comes to your mind when you hear "spring"?
'봄' 하면 뭐가 떠올라요? *Let me see*
글쎄, 그러니까

M : Let me see... New-born lives?
있어 봐요… 새 생명?

F : Right. Fresh green sprouts are even prettier than
flowers.
맞아요. 파란 새싹들은 꽃보다 예쁘잖아요.

F : What's the weather like in your hometown?

당신 고향은 날씨가 어떤가요?

M : It's always mild.

언제나 온화해요.

F : How do you like the weather in Korea?

한국 날씨는 어떤 것 같아요?

M : It's beautiful, especially in spring.
It's just like spring in my hometown, so I kind of feel
homesick. ⟶ homesick 향수병을 앓는

아름답죠. 특히 봄에는요.
고향의 봄이랑 꼭 같아서 향수병 같은 게 생겨요.

M : Which season do you like best?

당신은 어떤 계절이 제일 좋아요?

F : Winter. A lot of people don't like it, but I do.
I feel calm and stable in winter.

겨울이요. 다들 겨울을 싫어하지만 나는 좋아요.
겨울이면 차분해지고 안정감이 느껴져요.

M : I don't understand it. You're quite unique.

이해가 잘 안 되네요. 독특하세요.

F : Why don't you like winter?

겨울이 왜 싫어요?

M : Because it's cold.

추우니까요.

F : It has to be cold.

　　Global warming is getting serious, you know?

　　　추워야 돼요.
　　　지구 온난화가 심각해지고 있잖아요, 안 그래요?

M : Why are you saying that out of the blue?

　　　갑자기 그런 말은 왜 해요?

　　　　out of the blue
　　　　　갑자기

F : Just because.

　　　그냥요.

　　　→ *just because*
　　　　　그냥

F : What will the weather be like tomorrow, anyway?

　　　그나저나 내일은 날씨가 어떨까요?

M : The weather forecast said it will rain tomorrow.

　　I hope it will not rain tomorrow.

　　　일기예보에서 내일 비 올 거라고 말했어요.
　　　내일 비가 안 오면 좋겠는데.

F : You don't like rainy days?

　　　비 오는 날 안 좋아해요?

M : No, I don't like my clothes getting wet.

　　　아뇨, 난 옷 젖는 거 싫어요.

F : You're really simple-minded.

　　　당신 참 단순한 것 같네요.

　　　　simple-minded
　　　　　생각이 단순한

시간, 약속으로 수다 떨기

F : Hello, who is this?
여보세요. 누구세요?

M : This is Jason. Don't you have my number?
제이슨이에요. 내 전화번호 없어요?

F : Jason! Sorry, I accidentally erased your number.
제이슨! 미안해요, 잘못해서 당신 번호를 지워 버렸어요.

M : Are you coming?
지금 오고 있어요?

F : What are you talking about? What's the date today?
무슨 말이에요? 오늘 며칠인데요?

M : April 11th.
4월 11일이요.

F : What time is it?
지금이 몇 신데요?

M : It's almost half past ten.
You forgot our appointment, didn't you?
거의 열 시 반이에요.
당신, 약속 잊어버린 거죠, 그렇죠?

F : Oh, I'm so sorry. I completely forgot it.

completely
완전히

아, 정말 미안해요. 완전히 잊어버리고 있었어요.

F : Have you been waiting for me?

날 기다리고 있었어요?

M : Of course I have.

How could you forget our appointment?

물론 그렇죠. 어떻게 약속을 잊어버려요?

terribly
정말로

F : I'm terribly sorry. Can we make it another day?

정말로 미안해요. 다른 날로 할 수 있을까요?

M : You owe me.

Next time we meet, drinks are on you.

나한테 빚진 거예요.
다음번에 우리가 만나면 술은 당신이 사는 거예요.

F : Absolutely.

당연하죠.

F : Are you available tomorrow?

내일 괜찮으세요?

M : Well... I have something scheduled in the afternoon.

글쎄요… 오후에 스케줄이 있는데요.

F : When will it be over?

그 일이 언제 끝날까요?

M : I think it'll take two hours or so.

그게 두 시간가량 걸릴 거예요.

M : What time would be good for you?

당신은 몇 시가 좋겠어요?

F : Anytime after four.

4시 이후에는 아무 때나요.

M : Let's make it at five.

Any good places to get together?

5시로 해요.
만나기 괜찮은 데 있나요?

F : I'll meet you at your office.

당신 사무실에서 만나요.

M : Don't be late tomorrow.

내일 늦지 말아요.

F : Yes, sir! I'll be there on time.

I'll take you to a fancy place to make up for today.

넵! 시간에 딱 맞춰 갈게요.
오늘 일 만회하도록 근사한 곳으로 모실게요.

make up for
~을 보상하다

Real Life conversation

Scene #16

 교통에 대해 수다 떨기

F : Where are you going now?
이제 어디로 가요?

**M : I need to go to Yeouido. I've got something to do there.
Do you know how to get there?**
여의도로 가서 해야 할 일이 있어요.
거기 어떻게 가는지 알아요?

F : I can give you a ride if you want.
원하시면 차로 데려다 드릴게요.

M : I'd appreciate it if you would.
그렇게 해주시면 너무 감사하죠.

F : Get in, please.
타세요.

front 앞

M : Thanks, I'll take the front seat.
고마워요. 앞자리에 앉을게요.

F : Don't forget to buckle up, please.
안전벨트 매는 거 잊지 마시고요.

buckle up
(안전벨트를)매다

M : Hey, I'm not a baby.
저기요. 저 애기 아니거든요.

M : The traffic is bad.
　　길이 막히네요.

F : This road is always congested at this time of day.
　　이 무렵이면 이 길은 언제나 정체가 돼요.

M : We can go another way.
　　다른 길로도 갈 수 있잖아요.

F : There seems to have been a car accident.
　　교통사고가 났나 봐요.

M : Someone might have gotten hurt.
　　I can hear an ambulance.
　　누가 다쳤나 봐요. 앰뷸런스 소리가 나요.

F : Do you want me to speed up?
　　속도를 낼까요?

M : I think you'd better. I'm gonna be late.
　　그러는 게 좋겠어요. 늦겠어요.

F : What do I have to do at the intersection?
　　교차로에서 어떻게 할까요?

M : Keep going straight.
　　계속 직진해 주세요.

M : Watch out for the car!
　　저 차 조심해요!

F : Oh, it was close! I almost collided with that car.
　　아, 큰일날 뻔했다! 저 차랑 박을 뻔했네요.

M : Take it easy and drive carefully.

진정하고 조심해서 운전해요.

M : Where are we?

여기가 어디예요?

F : This road leads to Yeouido.
This is the fastest way to get there.

이 길이 여의도로 연결돼요. 이게 거기 가는 제일 빠른 길이에요.

F : Where do you want me to pull over?

어디다 세워 주면 돼요?

M : You can drop me off over there.

저쪽에서 저 내려 주시면 돼요.

F : Do you want me to pick you up later?

나중에 데리러 올까요?

M : No, I don't want to bother you again.

아니에요, 또 폐 끼치기 싫어요.

F : I'm okay. I don't have anything special planned tonight.

난 괜찮아요. 오늘 밤에 딱히 할 것도 없어요.

M : Then I'll call you right after I finish.

그럼 끝나면 바로 전화드릴게요.

Real Life conversation

 초대해서 수다 떨기

M : May I come in?
> 들어가도 돼요?

F : Hey, Jason. Come on in.
> 제이슨, 어서 들어와요.

M : I almost got lost, but I managed to get here.
> 거의 길을 잃을 뻔했는데 가까스로 왔네요.   ~lead to~ ~로 인도하다

F : I know. The alley leading to my house is confusing.
alley 뒷길, 골목
Meet my parents.   confusing 헷갈리는
> 알아요. 우리 집으로 오는 골목길이 헷갈리거든요.
> 우리 부모님이세요.

M : I'm Jason. Thank you for inviting me.
> 제이슨입니다. 초대해 주셔서 감사합니다.

- -

F : Is this your first time visiting Korean traditional house?
> 한국 전통 주택에 방문한 건 처음이에요?

M : In fact, it is.
May I look around?
> 실은 그래요. 좀 둘러봐도 돼요?

F : Of course. Let me give you a tour.
> 물론이죠. 구경시켜 드릴게요.

F : Come and have a seat.

여기 와서 좀 앉아요.

M : Umm... It's kind of unfamiliar for me to sit on the floor.

바닥에 앉는 게 좀 어색해요.

F : Oh, then be seated on this chair, please.

아, 그럼 이 의자에 앉으세요.

F : What would you like to drink?

차는 뭐로 할래요?

M : Whatever you're having.

당신 마시는 거 아무거나요.

F : Would green tea be fine, then?

그럼 녹차 괜찮겠어요?

M : Sounds good.

좋아요.

F : Why don't you try some rice cake?

떡 좀 드셔 보실래요?

M : Hmm. This is very chewy and tasty.

What is the powder covering the outside?

흠. 이건 아주 쫄깃쫄깃하고 구수하네요.
겉면을 싸고 있는 가루는 뭐예요?

F : It's bean powder. We call it "Go-mul."

콩가루예요. '고물'이라고 해요.

M : You're so cute in this photo.

이 사진에 당신 참 귀엽네요.

F : I know. I once had bright and firm skin.

맞아요. 나도 한때는 피부 톤도 밝고 탱탱했죠.

**M : What do you mean by "once"?
You still have a beautiful face.**

한때라뇨? 아직도 당신 얼굴 예쁘기만 해요.

M : May I use the bathroom?

화장실 좀 써도 돼요?

F : Sure. It's the end of the hall.

그래요. 복도 끝에 있어요.

M : There seems to be someone in there.

안에 누가 있는 것 같아요.

F : Let me go and check that out.

제가 가서 확인해 볼게요.

M : I think I'd better go now.

이제 가봐야겠어요.

F : Wait a sec. I'll accompany you to the bus station.

잠깐만요. 버스 정류장까지 같이 가줄게요.

Real Life conversation

 여행에 대해 수다 떨기

M : Sumi, how about taking a one-day trip today?

수미씨, 오늘 당일치기 여행 갔다 오는 거 어때요?

F : Hey, have you noticed that I've wanted to go somewhere far away?

이런, 내가 어디 멀리 가고 싶어 했던 거 눈치챘어요?

M : Then get up! Let's hit the road!

그럼 일어나요! 출발해요!

calm down
→ 진정하다

F : Clam down. We'd better check out the bus schedule first.

진정해요. 버스 스케줄을 먼저 알아보는 게 좋겠어요.

F : When is the earliest bus to Sokcho?

속초 가는 제일 빠른 버스가 몇 시죠?

M : Let me check that out.
I've downloaded an express bus app.
There is one leaving in 40 minutes.

확인해 볼게요. 고속버스 앱을 다운받았었거든요.
사십 분 후에 가는 편이 있어요.

F : Then hurry up or we're gonna miss it.

그럼 서두르지 않으면 버스 놓칠 거예요.

M : Have you been abroad?

해외 나가 본 적 있어요?

F : Yes, I've been to China for sightseeing.
I'm saving money to go backpacking in Europe
these days.

네, 중국에 관광하러 가봤어요.
요즘은 유럽으로 배낭여행 가려고 저축하고 있어요.

F : Where is the best place you've been to?

가본 곳 중에서 어디가 제일 좋았어요?

M : You really have to visit Paris. It's awesome.

파리엔 꼭 가봐야 해요. 정말 좋아요.

F : Oh, Paris is one of my dream places to go.

아, 파리는 내가 가보고 싶은 꿈의 장소 중 하나예요.

F : I wish I could travel around the world one day.

언젠가는 세계 일주를 해보고 싶어요.

**M : Hmm... Money will be the only matter you need to be
concerned about.**

음… 돈이 유일한 걱정거리겠군요.

F : Yeah. The only and the most important issue.

그렇죠. 유일하지만 제일 중요한 문제지요.

M : Take me with you when you go.

갈 때 나도 데리고 가요.

F : No, I'll go with my boyfriend, not with the husband of
another woman.

싫어요. 내 남자 친구랑 갈 거예요. 다른 여자 남편이 아니라.

M : Hey, I was just joking.
농담이잖아요.

F : Do you have any bad memories from when you were on a trip?
여행했을 때 나쁜 추억 같은 건 없었어요?

M : I once had my money and visa stolen in the middle of nowhere.
한번은 외딴 곳에서 돈이랑 비자를 다 도둑맞은 적이 있었죠.

F : You must have been really upset.
정말 당황했겠어요.

M : What countries would you like to visit?
어떤 나라에 가보고 싶어요?

F : I've always wanted to go to Eastern Europe.
What do you think about living in other countries?
난 언제나 동유럽에 가보고 싶었어요.
다른 나라에서 사는 건 어떨까요?

M : There's not much difference.
차이점은 별로 없어요.

F : Oh, hey! Look over there! I can see the sea!
저기 봐요! 바다가 보여요!

M : It's great to be here, isn't it?
여기 오니까 정말 좋죠?

F : You bet. → bet
돈을 걸다
당연하죠.

Real Life conversation

 외국어, 문화에 대해 수다 떨기

> You know what?
> 있잖아, 그거 알아?

M : You know what?
You have a good English pronunciation.
그거 알아요? 당신 영어 발음이 참 좋아요.

F : Why, thank you. I've been told that a lot.
아유, 고마워요. 뭐, 그런 말 많이 들었어요.

M : How did you learn English?
영어는 어떻게 공부했어요?

F : I just went to private English institutes.
Along with watching American dramas at home.
along with
~와 함께
그냥 영어 학원 다녔어요.
집에서는 미국 드라마도 같이 보면서요.

M : Can you speak any other languages?
다른 언어도 할 수 있어요?

F : I learned Japanese in school, but I've forgotten
almost all of it.
학교에서 일본어를 좀 배웠는데 거의 잊어버렸어요.

F : Is it easy to speak Korean language?
한국어는 말하기 쉬운가요?

M : Absolutely not.

절대 안 그렇죠.

F : What's the most difficult about learning Korean?

한국어 배울 때 제일 어려운 점이 뭐예요?

M : Attaching endings like '–가/–는/–을/–를' to each word.

단어에 '–가/–는/–을/–를' 같은 어미를 붙이는 게 어려워요.

F : Yeah, it would be hard for foreigners like you.

그래요. 당신 같은 외국인들에게는 어려울 거예요.

F : I've always wondered if Korean sounds different from Japanese.
Is that so?

> wonder
> 궁금하다

한국어랑 일본어가 다르게 들리는지 항상 궁금했었어요.
그런가요?

M : Japanese sounds more rigid and Korean sounds like you're singing.

일본어는 더 딱딱하게 들리고 한국어는 노래하는 것처럼 들려요.

F : That's interesting. I think I know what you're saying.

재미있네요. 무슨 말인지 알 것 같아요.

F : Do you think Koreans and Japanese people are different?

한국인이랑 일본인은 다른 것 같아요?

M : I feel Koreans are louder, more active and passionate.

한국인은 더 시끄럽고 적극적이고 열정적인 것 같아요.

F : Hmm... I didn't know that.

음… 그런 줄은 몰랐네요.

F : How is it living with a Korean woman?
한국 여자와 사는 건 어때요?

**M : It's great. That's why I live with my wife.
Although there are some conflicts due to cultural
difference.**
아주 좋아요. 그래서 내 아내랑 살고 있죠.
문화적 차이 때문에 다툼이 조금 있긴 하지만.

**F : Is there anything you can't understand about
Korean culture?**
한국 문화에 대해 이해 못하는 게 있어요?

M : Yes. Koreans work too hard.
네. 한국인들은 너무 열심히 일해요.

F : You should work hard to have a better life.
잘 살려면 열심히 일해야죠.

M : What do you think about Americans?
미국 사람들은 어떤 것 같아요?

F : Americans seem to put stress on each individual.
미국인들은 개개인을 중요시하는 것 같아요.

M : Right. Americans have strong personalities.
맞아요. 미국인들은 개성이 강하죠.

› **감정이 넘치는 수다 떨기**

F : What do you think you're doing?
지금 뭐 하고 있는 거예요?

M : Oh... Am I not supposed to see your photos?
아, 당신 사진 좀 보면 안 되는 거예요?

F : You should have asked my permission first.
내 허락을 먼저 받았어야 하잖아요.

M : Sorry, but I don't understand why you're so upset.
미안해요. 하지만 그렇게까지 기분 상할 일인지는 모르겠네요.

F : Oh... what have I said to you?
I'm so sorry for being highly sensitive.
이런… 당신한테 내가 무슨 말을 한 거죠?
예민하게 굴어서 정말 미안해요.

M : You seem to be in a bad mood these days.
What's bothering you?
요즘 계속 기분이 안 좋아 보이는 것 같네요.
무슨 일이에요?

F : To tell you the truth, I feel like I'm on edge.
실은 나 요즘 신경이 곤두서 있어요.

M : What's wrong? Tell me about it. I might be of help.

무슨 일인데요? 말해 봐요. 내가 도움이 될 수도 있잖아요.

F : I'm worried that I'm not gonna get married.
I'm so depressed. What should I do?

결혼 못할까 봐 걱정돼요.
너무 우울해요. 어떡하면 좋죠?

M : Don't be weak. You're so beautiful and intelligent.
Everything will be all right.

약한 소리 말아요. 예쁘고 똑똑하잖아요.
다 잘될 거예요.

F : Those words are not that helpful.

그런 위로는 도움이 안 돼요.

F : What do you do when you feel blue?

우울한 기분이 들 때 당신은 어떻게 해요?

M : I just go out and run until I feel like my heart will
explode.

무조건 나가서 심장이 터질 때까지 뛰는 거죠.

F : That's a useful tip.

그거 괜찮은 방법이네요.

M : Hey, Sumi, look at my face.
Would you feel better if I did this?

수미 씨, 내 얼굴 봐요.
이렇게 하면 당신 기분이 좀 좋아질까요?

F : Stop doing that. It's no fun at all.

그만 해요. 하나도 안 웃겨요.

M : I gave it a try at least.

적어도 난 노력은 했어요

F : It was a joke.

It was funny but I tried to hold my laughter.

농담이에요. 웃겼는데 안 웃으려고 참았어요.

hold one's laughter
웃음을 참다

F : Thanks to you, I feel much better now.

당신 덕분에 이제 기분이 훨씬 좋아졌어요.

M : Already? It's really easy to make you feel better.

벌써요? 당신 기분 풀어 주는 건 정말 쉽네요.

F : You know, I'm fickle.

I'll treat you at a fancy restaurant.

난 변덕쟁이잖아요.
근사한 식당에서 내가 쏠게요.

M : Oh, I'm so happy I could I cry.

아, 너무 좋아서 눈물이 날 것 같은데요.

F : Don't cry and let's go eat.

울지 말고 먹으러 가요.

QUESTION
LIST

궁금한 질문을 찾아볼 수 있도록

무려 **200개의 질문 리스트**를 한자리에 모았어요.

외국인을 만나 침묵하기 있기, 없기?

여기 Question List로 생각하지 않아도

톡톡 나오는 영어를 꿈꾸세요!

Question List

첫 만남

Q001 안녕하세요. 저는 제이슨 본입니다.
Q002 어떻게 불러야 하죠? 미스 박이라고 할까요?
Q003 우리 전에 만난 적 없던가요?
Q004 당신 얘기 많이 들었어요.
Q005 무슨 일 하세요?
Q006 어디 사세요?
Q007 몇 살이신지 여쭤 봐도 돼요?
Q008 어디서 오셨어요?
Q009 당신과 연락하고 지냈으면 좋겠어요.
Q010 전화번호 알려 주실 수 있어요?

가족

Q011 결혼하셨어요?
Q012 부인과 어떻게 만났어요?
Q013 자녀는 있어요?
Q014 결혼 생활이 행복하신 것 같아요.
Q015 가족과 살고 있어요?
Q016 부모님은 어떤 분들이세요?
Q017 부모님과는 사이가 좋은가요?
Q018 아버지를 더 닮았어요, 어머니를 더 닮았어요?
Q019 형제나 자매가 있어요?
Q020 언니랑 친한가요?

취미, 여가

Q021 한가할 때는 뭐 하는 걸 좋아하세요?
Q022 어떤 음악을 좋아해요?
Q023 나는 기타 연주를 배우고 싶어요.
Q024 독서는 많이 하세요?
Q025 재미있는 책 좀 추천해 주세요.
Q026 최근에 영화 보신 거 있나요?
Q027 그 영화 어땠어요?
Q028 노래방 자주 가세요?
Q029 주말에는 여유가 있나요?
Q030 돈과 시간이 있으면 뭐 하고 싶어요?

외모

Q031 눈이 참 예뻐요.

Q032 수술받는 거 안 무서워요?

Q033 성형 수술받는 것에 대해 어떻게 생각해요?

Q034 한국 여자들은 모두 당신처럼 날씬해요.

Q035 외모에 자신감을 가져요.

Q036 정말 키가 커 보여요. 키가 얼마예요?

Q037 키가 크면 좋죠, 그죠?

Q038 그 옷이 잘 어울리는 것 같아요.

Q039 파마한 거예요?

Q040 하고 있는 목걸이가 아주 독특하네요.

성격, 취향, 재능

Q041 당신은 어떤 사람인 것 같아요?

Q042 당신은 매력적인 사람이에요.

Q043 매사에 걱정이 많은가요?

Q044 사람들한테 너무 잘하려고 애쓰지 말아요.

Q045 착한 여자, 예쁜 여자 중에 어느 쪽이 좋아요?

Q046 뭘 잘하세요?

Q047 재주 있는 사람이 부러워요.

Q048 취향이 독특하신데요.

Q049 초록색을 좋아해요?

Q050 대도시에 사는 게 당신한테 맞아요?

생활, 습관

Q051 요즘 바빠요?

Q052 집 청소는 얼마 만에 하세요?

Q053 부인과 가사는 분담하시나요?

Q054 운전은 하나요?

Q055 교통사고 난 적이 있어요?

Q056 지금껏 살면서 했던 가장 나쁜 짓이 뭐예요?

Q057 제일 짜증나는 일이 뭐예요?

Q058 특별한 습관 같은 거 있어요?

Q059 코 골아요?

Q060 아침에는 일찍 일어나요?